TRUE MARRIAGE
진짜결혼

TRUE MARRIAGE
진짜결혼

서창원 · 유명자 지음

W 우리시대

경건의 진실성이 담긴 가정행전

서문강목사(중심교회)

먼저 이런 책을 우리 한국교회에 선물로 주신 하나님의 은혜에 감사합니다.

성경은 우리의 그리스도인의 삶의 영역이 어떤 한 구역에만 국한되어 있지 않음을 보여 줍니다. 사도 바울이 고린도전서 10장 31절에서 "그런즉 너희가 먹든지 마시든지 무엇을 하든지 다 하나님의 영광을 위하여 하라"고 하였습니다. "먹든지 마시든지 무엇을 하든지 다"라고 한 것은 그리스도인의 삶의 영역을 어떤 구역에만 국한시키지 않고 모든 지상적인 조건과 모든 삶의 국면 전부를 포괄하고 있음을 보여줍니다.

그 중에서 가정은 삶의 영역 중에서 가장 원초적이고 가장 친근한 영역입니다. 그러므로 그리스도인이 하나님의 영광을 위해서 살아야 할 참된 목적을 설정하였다면 이 가정에서부터 그 삶의 진정성이 드러나야 합니다. 가정은 그리스도인의 성화(聖化) 생활의 가장 중요한 터이면서 복음의 영광과 능력을 드러내기에 가장 좋은 곳입니다. 어떤 사람이 삶의 다른 모든 영역에서는 하나님의 영광을 위하여 큰일을 수행하고 있다 할지라도, 그 사람의 가정생활 속에서는 주님의 영광을 드러내지 못하고 있다면 그 사람의 경건의 진실성을 증거하는 가장 확실하고 큰 증거가 빠진 것이라 할 수 있습니다. 반면에 다른 영역에서 다른 사람들에게 드러날 정도로 뚜렷한 방식으로 주님의 영광을 나타내지 못하여도 가정에서 참된 신자의 모습을 보이며 가족들과의 관계에서 주님의 영광을 드러내고 있다면, 그 사람의 경건은 진실하다고 확언할 만 합니다. 자기의 연약과 허물을 가장 리얼하게 노출하는 곳이 가정입니다. 그런데 그 가족들로부터 믿음의 진실성을 인정받는다면 그의 믿음이 참되다고 할 만합니다.

그런데 가정에서 하나님의 영광을 위해서 어떤 방식으로 경건을 실천할 지에 대한 문제는 그리 간단하지가 않습니다. 더구나 오늘날과 같이 가정들이 심각한 위기에 처하여 있는 상황에서는 더욱 그러합니다. 그러니 이런 상황에서 그리스도인의 가정생활의 지침이 될 만한 것이 있다면 크게 환영할 만한 일입니다.

이런 의미에서 이 책은 매우 중요한 의미를 가집니다. 필자는 개혁주의를 표방하는 목회자(삼양교회 서창원 목사님)의 사모로서 가정 속에서 그 개혁주의적인 부덕(婦德)의 실상을 위해 부단하게 연습한 분이십니다. 젊은 날 가난한 유학생 남편의 뒷바라지로부터 시작하여 현재까지 줄곧 일관성 있게 섬기시면서 자녀들을 위한 실천적 경건을 본으로 가르치시려 애쓰신 분이십니다. 물론 지상의 어느 성도도 완전한 성화에 이르지는 못하여 경건의 이상과 실제 사이가 어긋나는 실상도 경험하였을 것입니다. 그러니 이 책은 단순하게 이와 관련된 여러 책들을 읽고 모자이크식으로 짜깁기한 책이 아니라 실제적인 임상의 체험에서 검증된 내용이라고 믿어 의심치 않습니다. 이 책을 통해 많은 독자들이 힘을 얻을 것을 믿어 의심하지 않습니다. 앞으로 이 방면에서 더 많은 연구의 정진이 있어 또 다른 책이 필자의 손을 통하여 나오게 하시기를 주님께 바라옵니다. 감사합니다.

연애, 결혼, 가정, 늙음의 신앙지침서

김남준목사(열린교회)

"연애, 결혼, 가정, 늙음의 신앙지침서" 저자가 보내준 원고를 다 읽고나서 내가 느낀 감상이다. 내가 저자를 처음 만난게 삼십대 중반인데, 그가 늙음까지 말하고 있으니 세월이 참 많이 흘렀다는 느낌을 지울 수 없다. 자신의 경험이 아니면 쓸 수 없는 내용의 글이라는 인상을 받았다. 나 같으면 꼬장꼬장 따지듯이 수 많은 명제들로 이루어진 교리들로 설명하였을 내용들을, 저자는 마치 여름날 이제 고등학교를 졸업한 이웃집 젊은이 두어 사람을 대청마루에 앉혀놓고 쉬운 말로 따뜻하게 타이르는 것처럼 느껴진다. 맑은 유리그릇에 시원한 수박화채 한 그릇씩 놓고 마주 앉아서.

이 책에서 어디라고 구분 짓지는 않았지만, 간간히 삼십년 넘는 세월동안 '특별한 연합'을 이루어온 사모님의 반주 같은 곁 담화도 따뜻한 배려의 충고로 들려온다. 마치 일평생 산에서 살아온 노련한 두 사람의 등산가들로부터 난생처음 오르게 될 백두대간 종주코스의 산세와 등반 시 주의사항에 대한 자전설명을 듣는 듯 한 분위기이다. 오늘날은 연애, 결혼, 가정에 대한 이상만 있지 개념은 없는 세대인 것 같다. 아마도 매스컴의 영향 때문이리라. 저자는 이 책에서 이 주제들에 대한 성경의 가르침과 자신의 경험적 터득을 잘 섞어서 제시하고 있다. 결혼을 앞둔 남녀는 물론 이미 결혼한 부부들도 이 책을 읽으며 삶의 지혜를 얻기를 바라며 추천하는 바이다.

기독교적 가정을 위한 선물

이승구교수(합동신학대학원대학교)

　여기 서창원 목사님과 사모님께서 같이 쓰신 혼인에 관한 책이 우리에게 선물로 주어집니다. 성경이 말하는 혼인의 의미를 우리의 구체적인 삶 속에서 실현한다는 것은 기쁘고 즐거운 일이지만, 또한 성령님의 도우심으로만 이룰 수 있는 어려운 일입니다. 성경적인 혼인에 대한 가르침이 필요한 이유가 여기 있습니다. 대개는 혼인 등에 대해서는 별 가르침을 받지 않고 혼인 생활에로 나아가는 경우가 적지 않기에 여러 가지 시행착오들이 많은 것도 사실입니다. 그러므로 성경이 말하는 혼인은 과연 어떤 것인지에 대해서 잘 가르쳐 주는 일은 매우 중요한 일입니다.

　그러나 그 가르침이 참으로 효과적이려면 성경적인 혼인을 구체화하여 보여 주는 모범적인 혼인 생활의 실천자들이 그들이 성령님께 의존해서 성경이 말하는 혼인의 의미를 실현하려고 노력한 그 모습을 우리에게 잘 제시해 주는 것입니다. 여기 이 책의 중요성이 있습니다. 서창원 목사님과 사모님께서 오랫동안 혼인 생활하시고, 홀로 계신 어머님을 잘 부양하시고, 자녀들을 은혜 가운데서 키우시고, 개혁 파적인 교회를 섬기기 위한 목사와 사모님 역할을 하시면서 성경이 말하는 혼인의 의미를 잘 드러내는 이 책을 써 주신 것은 우리들에게 큰 복이라고 할 수 있습니다.

이 일에서 자매들의 역할이 얼마나 중요한지를 이 책의 구성이 잘 보여줍니다. 앞부분의 서 목사님의 말씀 이후에 우리는 계속해서 사 모님의 말씀을 듣게 됩니다. 조근조근 말씀하시는 사모님의 말씀을 들으면서 아직 혼인하지 않은 형제, 자매들은 앞으로 혼인을 어떻게 준비해야 하는 지를 생각할 수 있을 것이고, 혼인한 형제, 자매들은 우리들의 혼인 생활을 성경과 성령님의 도우심에 의해서 검토하며 나 아 갈 수 있을 것입니다.

그런 점에서 이 책을 이 땅의 모든 그리스도인들에게 추천합니다. 이 책을 통해서 성경을 지침으로 삼아 혼인 생활을 하여 갈 수 있기 원하면서 말입니다. 성령님께서 함께 하시는 그리스도인들이 혼인에 서도 성령님을 의존하여 살아 갈 수 있기 원합니다. 귀한 책을 진솔하 게 쓰셔서 한국 교회의 그리스도인의 가정을 돕기 원하시는 서 목사 님과 사모님께 감사드리면서 이 추천의 글을 마칩니다.

들어가는 글

나의 목회 사역 중에 중요한 부분을 차지하는 것이 신혼부부들을 위한 새가정부 교육이다. 성경적인 가정을 세워가는 것이야말로 튼튼한 교회를 만들어가는 주춧돌로 생각하는 나는 청교도들이 주장한 것처럼 가정이야말로 '국가와 교회의 꿀을 저장하는 신학교'로 여긴다. 더구나 바른 개혁교회를 이 땅에 구현하고자 하는 나의 목회 철학을 자라는 젊은 세대에게 심어줄 수 있는 가장 좋은 터전인 것이다. 물론 이 일은 나의 반쪽인 아내가 맡아서 한다. 내 생각을 가장 잘 알고 가장 바람직한 교육을 담당할 수 있는 최고의 선생이 곧 내 아내이기 때문이다. 사실 이것도 목사가 해야 할 일이지만 그 모든 것을 다 담당할 시간적 여유가 부족하기 때문에 돕는 배필인 아내의 손길을 통해서 이 일을 꼭 18년을 해오고 있다. 이 일을 하면서 경험하는 것은 신앙이 좋은 부부들도 있지만 거의 대부분이 영적 어린아이들이며, 심지어 영혼이 죽은 자들도 상당수라는 것이다. 그들을 살리는 작업부터 해야 하겠기에 말로 다할 수 없는 심적 고통과 아픔을 겪어야 한다. 그 모든 일들을 꿋꿋하게 인내하며 기도하며 이겨 온 아내에게 감사하지 않을 수 없다.

　실로 새가정부를 잘 마친 자들과 그렇지 않은 자들의 결혼 생활은 상당한 차이가 있음을 본다. 그래서 내린 결론이 결혼 주례를 위해 형식상 한두 번 받는 예비교육이 아니라 체계를 가지고 결혼예비학교를 세워 실질적인 교육을 하자는 것이었다. 그래서 목회하면서 처음으로 결혼 예비학교를 개설하였다. 물론 다른 큰 단체에서 하는 것과 같은 체계가 잡혀 있는 것은 아니다. 그러나 시무하고 있는 교회 형편안에서 우리 젊은이들이 행복한 결혼 생활을 영위할 수 있도록 도움을 주는 것이 무엇보다 필요하다는 요구에 응하는 작은 출발이었다. 이것을 계기로 보다 나은 예비학교가 세워져서 많은 크리스천 젊은이들을 주님의 말씀으로 깨워 국가와 교회의 꿈을 저장하는 신학교로서 역할을 잘 감당하는 가정들이 늘어가기를 소망한다.

　나는 이 책을 통해 결혼을 앞 둔 젊은이들의 자기 정체성 확립과 교제에 대한 조언을 하고자 한다. 낭만적인 결혼으로의 초대 부분은 내가 맡고, 나머지는 결혼 생활에 전문가 못지않은 전문지식을 가진 아내가 하려고 한다. 자기 아내 자랑하는 자는 예부터 팔불출이라고 했는데 아내에게 이 일을 맡길 수 있었던 것은 이 방면에 오랫동안 종사해온 경험이 풍부하고 무엇보다 관련된 책들을 무려 백여 권 이상 소화한 대단한 실력가이기 때문이다. 사실 내 글의 상당 부분도 아내의 도움을 받아 준비된 것임을 밝힌다. 이 책을 통해서 크리스천의 결혼관이 확고하게 세워져 결혼문제에 있어서 만큼 타인의 부러움을 독차지하는 참된 기독교인들이 되기를 소망한다.

서창원목사

가정은 하나님이 인생들에게 주신 최고의 선물이다. 그래서 우리들의 가정은 하나님의 말씀으로 세워져야 하고 많은 사람들을 옳은 대로 인도해야 할 책임이 있다. 그리스도인들의 가정은 세상과 구별되어져야 하고 모든 면에서 성경적으로 말하고 행동해야 한다. 건강한 가정들을 만들어 가는 것은 우리들이 마땅히 해야 할 일이다. 결혼을 했다는 것은 많은 책임과 의무가 따른다. 서로 다른 남녀가 결혼이라는 울타리에서 성경대로 살아가는 방법을 배우면서 성숙한 그리스도인들이 되어가는 것이다.

결혼했다고 저절로 행복해 지는 것이 아니다. 서로가 노력하며 하나님의 말씀에 순종하는 일이 없으면 결코 행복해 질 수 없다. 사랑하는 남편이 처음으로 목회를 시작할 때 결혼한 신혼부부를 위해서 성경공부를 가르쳐 주었으면 좋겠다고 요청하였다. 우리부부는 영국에서 8년 동안 유학생활을 마치고 돌아와서 목회를 시작하는 것이 쉬운 일은 아니었다. 그래서 남편을 어떻게 도와야 하나 염려하고 있었는데 뜻밖에 제안을 받고 거절할 수가 없어서 시작하게 된 것이 지금까지 해온 새 가정부의 일이다.

처음에는 남편 말에 순종하는 것이 덕스럽다는 생각에서 시작했었는데 지금은 사명감을 가지고 신혼부부가정들을 가르치는 일들을 하고 있다. 성경공부는 매주일 11시 낮예배 시간전에 한다. 성경공부도 중요하지만 주일 낮 예배가 이들에게는 생명을 살리는 것이라고 생각했기 때문이다. 내가 가르치는 성경공부도 중요하지만 목사님의 설교를 듣고 말씀에 든든히 세워가야 하기 때문이다. 거의 20년 동안 매주일 마다 예쁘고 사랑스러운 신혼부부들을 만날 수 있는 특권을 누리게 하신 하나님의 섭리에 너무 감사드린다.

초등학교에 갓 입학한 아이들이 너무나 사랑스럽고 귀여운 것처럼 새 가정부에서 공부하는 신혼부부들이 너무 사랑스럽다. 일 년 동안 열심히 공부한 부부와 그렇지 않은 부부들의 삶을 보면서 느낀 것은 결혼과 동시에 행복이 오는 것이 아니기에 성경을 통해서 배우고 확신한 일에 거하지 않으면 사단의 밥이 될 수밖에 없다는 것을 알게 되었다. 아내는 남편에게 복종하고 남편은 아내를 사랑하라는 주님의 명령이 가정에서부터 실천되지 않으면 부부사이는 점점 멀어지게 된다. 사단은 부부사이에 틈을 타서 가정을 파괴하고 혼란에 빠트리기 때문에 부부생활에 대해서 구체적으로 공부하지 않으면 쉽게 함정에 빠지기 쉽다.

하나님의 말씀대로 살아가기 위해서는 자기 자신들을 철저히 죽이는 훈련을 해야 한다. 세상에서 요구하는 결혼관이 아닌 하나님의 말씀에 순종하는 경건한 가정을 이루어가야 하는 것이 그리스도인들의 삶의 목표이다. 가정의 달을 맞이해서 결혼생활에 대해서 책을 낼 수 있도록 기회를 주신 하나님께 감사와 영광을 돌린다. 이 책은 그동안 진리의 깃발지에 연재한 10편의 글을 모아서 내게 된 것이다. 매번 글을 쓸 때마다 존경하는 남편이 먼저 읽어 주었고 많은 조언을 해주었다. 많이 부족한 글을 칭찬해 주었고 힘을 실어주었던 사랑하는 남편에게 감사를 드린다. 그리고 사병으로 군대에 가서 군대가 적성에 맞는다고 10여년 동안 직업군인으로 나라를 지키고 있는 아들 서동윤 대위에게도 고맙게 생각한다. 늘 엄마 곁에서 집안의 대소사의 일들을 함께 해준 사랑하는 큰 딸 지혜와 항상 영적으로 도움을 주고 기도해 준 막내딸 주은이에게도 감사한다. 무엇보다도 20여년동안 수많은 신혼부부들이 부족한 사람의 가르침을 받으며 성실하게 살아가고 있는 사랑스러운 제자들에게도 고마움을 표하지 않을 수 없다. 그들이야말로 새 가정부의 중요성을 온 몸으로 증명해주는 산 증인들이다. 그리고 삼양교회 성도님들의 기도에 항상 감사하며 격려를 아끼지 않는 모든 분들에게 감사한다.

유명자사모

차 례

2부 하나님께서 주신 언약_ 결혼으로의 초대

1부

낭만적 만남으로의 초대

서창원 목사

1장_ 연애의 시작

결혼이라는 긴 인생의 여정을 위해서 반드시 먼저 거쳐야 하는 남녀간의 만남과 교제를 우리 기독교인들은 어떻게 준비 해야 하는가? 짝이 있는 사람들을 제외하고 대다수의 젊은이들 그리고 과년한 자식들을 두고 있는 어버이들은 '과연 내 배우자는? 내 사위나 며느리는 어디에서 무엇을 하고 있을까?' 라고 궁금해 하지 않는 사람은 없을 것이다. 사람을 만나는 것도 중요하지만 하나님이 짝지어주는 배우자라는 자기 확신이 들 때까지 그리고 결혼하기까지 어떤 교제를 하는 것이 바람직한지를 고민하지 않는 사람은 없을 것이다.

결혼 예비학교를 통해서 그리스도인으로서 자기 정체성을 분명히 세우고, 서로에게 가장 덕스럽고 믿음직스러운, 그리고 가장 신뢰할 만 하면서도 정말 낭만적인 교제를 하는 청년들이 될 수 있기를 소망한다. 또한 청년들의 결혼관이 결혼의 주인이신 하나님의 뜻이 분명하게 드러나는 성경의 가르침을 따라 잘 정립되어서 세상 사람들과 다른 믿음의 가정들을 만들어 가기를 간절히 소망하는 마음으로 임하고자 한다.

연애한다는 말은 왠지 그리스도인에게는 조금은 부끄러운 마음을 갖게 한다. 너무나도 자주 쓰이는 말이기 때문에 아무런 감정도 없는 사람이 있을지 몰라도 대개 젊은이 시절에 연애한다는 것은 정말 가슴 설레기 그지없는 일이다.

연애라는 말보다 그리스도인의 성품에 적합한 교제라는 말을 사용하기로 하자. 교제에도 기술이 필요하다고 말한다. 대체로 이성 교제의 목적은 상대방을 보다 더 잘 이해하는 데 있다. 그리고 대체로 자신의 배우자로 삼고자 최선을 다하여 상대방의 마음에 쏙 들려고 몸부림친다. 특히 남자들은 아낌없이, 가능한 모든 것을 바치려고 애를 쓴다. 그 같은 일을 효과적으로 잘 할 수 있는 기술 혹은 방법을 익히려는 노력을 하지 않을 수 없는 것이다. 준비된 자만이 원하는 것을 얻을 수 있다. 그렇기 때문에 청춘 남녀들은 이 결혼에 대해서 만반의 준비를 해야만 한다. 가까운 곳을 하루 이틀 다녀올 때는 간단한 계획이면 족하지만 먼 지역을 오랜 시간 여행한다고 하면 치밀하고 세심한 준비와 계획이 필요하다. 단기 선교 여행을 예로 들어보자. 각자 필요한 옷을 비롯해서 먹을 것 등 여러 가지를 많은 신경을 써서 계획하고 특히 주님의 도움을 위해서 간절히 기도하면서 준비하곤 한다. 그 나라 말까지 배우고 그 나라 말로 노래를 암기하며 얼마나 많은 준비를 하는가?

하물며 우리가 평생 같이 살아야 할 배우자를 선택하고 결혼하는 문제가 결코 쉬운 일이 아님에도 별반 준비 없이 막연한 행운을 좇고 있는 젊은이들이 의외로 많이 있다. 이성을 만나는 것부터 시작해서 교제하는 모든 것을 정처 없이 떠돌다가 우연히 마주친 어떤 여성 혹은 남성이 한 눈에 반하게 될 날을 기약 없이 기다리고 있다. 그렇다고 만남이 너무 힘들다고 포기할 수도 없는 것이다. 물론 하나님이 독신으로 사는 은사를 주셨다면 그 길을 가야 하지만 일반적으로 남녀는 짝을 만나 가정을 이루어 생육하고 번성하라는 문화명령을 가지고 있다. 따라서 결혼에 대하여 어떻게 준비하며 여러 가지 대책을 세울 것인지 점검하지 않으면 행복한 만남과 낭만적인 교제, 복이 넘치는 결혼생활은 불가능할 것이다.

2장_ 짝을 찾으라

　　그리스도인은 우연이라는 단어를 쓰지 않는다. 그리스도인에게 우연한 만남이란 없다는 것이다. 모든 것이 하나님의 주권아래 일어나는 일이기에 여러분들이 세월을 아껴서 부지런히 찾아 나서야 한다. 짝이 있어야 낭만적인 교제를 할 것이 아닌가? 모든 것이 다 준비되었어도 짝이 없으면 결혼을 할 수 없기 때문에 일단 짝을 찾아야 한다. 짝이 없으면 행복한 교제, 낭만적인 교제는 물론이거니와 행복한 결혼생활은 그림의 떡이 될 뿐이다. 행복은 천국과 같이 침노하는 자의 것이다. 누가 가져다 주지 않고 스스로 찾아야 한다. 자기 것으로 삼아야 한다. 짝을 찾는다는 것은 자유의지를 가진 두 사람이 서로를 위해 자신을 희생하기로 결정하는 행동과정이다. 외모를 보고 상대에게 호감을 가지기까지 여자는 30초, 남자는 1분 50초가 걸린다고 한다. 한번 보고 계속 만날 수 있는 사람인지 아닌지 결정하는 여자의 초능력은 남자보다 거의 4배가 빠르다. 그런 여성에게 만족을 줄 수 있는 만반의 준비가 되어 있지 않으면 평생 홀로 살아야 한다.

어떤 사람은 독신 생활을 즐긴다. 누구에게도 예속되어 있지 않는 가장 자유로운 시간을 홀로 즐기고자 한다. 실로 모든 사람은 독신 생활을 어떻게 잘 보내느냐에 따라 결혼 생활이 달라진다. 독신 생활을 엉터리로 보내면 배우자를 만난다는 것은 기대하기 힘들다. 인생의 어느 때보다도 자기 자신을 성장시키고 배우며 남을 섬길 수 있는 무제한의 기회가 제공되는 시기가 독신기간이다. 성숙한 사람 그리고 많은 학습 훈련 시간은 결국 자신의 짝을 향한 적합한 상대가 되어주는 자기희생인 것이다. 그리고 함께 만나서 서로의 필요를 채우며 인생의 남은 시간을 함께 공유해 가는 복된 시간이 결혼생활이며, 더불어 자손의 번성을 이루는 시기이기도 하다.

인생의 절정과 황혼은 배우자가 있어야 가능한 것이다. 그러므로 부지런히 찾으며 자기 성숙을 꾀하는 독신의 삶은 남자에게는 25년에서 30년으로 족하고 여성은 20년에서 25년으로 족하다. 요즘은 자기발전이라는 욕망에 치우쳐서 대다수의 여성이 대학을 다니고 취업 일선에 뛰어들기 때문에 독신생활 기간이 점차적으로 늘어가고 있다. 그것이 개인의 성취도는 만족할 만큼 높일지 몰라도 가정 공동체에는 마이너스 효과가 늘어난다. 행복은 돈과 지식에 달려 있는 것이 아니다. 행복은 자신의 시간과 땀과 지식과 몸을 바칠 수 있는 상대방이 있을 때 얻어진다. 지식은 그만큼 사람들을 번민케 한다. 많이 배운 사람들이 행복한 결혼 생활을 한다고 누구도 보장하지 않는다. 이혼은 지식인들 사이에 더 많다. 돈 역시 사용할 줄 모르는 사람들의 부패된 욕망 때문에 행복을 해치는 도구가 되는 사례가 너무 빈번하다. 남을 섬길 수 있는 무제한의 기회를 갖는 독신 생활을 잘 훈련하며 짝을 찾게 되면 행복은 엄청나게 커진다. 독신이 채워주지 못하는 성숙과 책임감이 더욱 돋보인다.

100년 후에도 이 세상에 살고 있을 사람은 아무도 없다. 지금은 사람들의 수명이 길어졌다고는 하지만 80이 넘으면 인생의 마감을 기다리며 살아야 한다. 결혼생활을 아무리 오래 한다고 해도 25살에 결혼한다고 하면 짧게는 50년 내지 6,70년 밖에 살 수 없는 것이 현실이다. 죽고 없이는 못 사는 사람을 만나 짧은 인생을 살다가 말면 그것처럼 속상한 일이 어디 있겠는가? 하루라도 더 오래 살고 싶은 사람이 되고 싶으면 결혼 준비를 잘해야 한다. 하루라도 더 빨리 헤어지고 싶다면 준비 없이 되는 대로 살면 될 것이다. 그렇게 할 바에야 무엇 때문에 결혼을 하겠는가? 짝을 찾는다는 것은 처녀 총각들을 향하신 하나님의 의도이다.

그렇다면 짝을 어떻게 찾아야 하는가?

이 부분은 뒤에서 다시 언급을 하겠지만 우리 그리스도인들은 교회 공동체에서 혹은 기독교 단체 활동에서 찾도록 해야 한다. 하나님은 땅에 사는 사람들의 배우자를 하늘에서 찾게 하지 않는다. 그렇다고 머나먼 나라에 가서 찾아오도록 하지 않는다. 통상적으로 자기 주변에서 부지런히 찾아야 한다. 없다고 판단되면 농촌 총각들의 사례들에서 보는 것처럼 먼 나라 사람 중에서라도 구해야 할 것이다. 그러나 우리는 일단 자기 주변에서 눈을 부릅뜨고 찾아야 한다. 옛날 청교도들은 배우자를 찾는 기준으로 다섯 가지를 제시하였다(헨리 스미스 목사).

첫째, 여성의 평판을 보라. 둘째, 경건의 모습과 능력이 있는지를 보라. 셋째 말이 많은 여자인지 아닌지를 보라. 넷째 단정하고 검소한가를 보라. 다섯째 친구를 보라. 물론 외모도 중요하고 건강도 중요하고 지식여부도 중요하다. 그러나 거듭난 신앙인들 중에서 생활 속에서 바른 그리스도인의 삶을 보이는 성실한 사람을 찾는 기준은 위의 다섯 가지 원칙으로 충분하다고 본다. 물론 신앙공동체에 있다고 해서 다 안심할 수 있는 것은 아니다. 정말 하나님께서 내게 짝 지워준 사람이 누구인지를 확신할 때까지 자신의 갈비뼈 혹은 돕는 배필을 부지런히 찾아야 한다. 청교도들이 제시한 다섯 가지 원칙은 행복한 결혼 생활을 이룰 수 있는 현실적인 기준이라고 말할 수 있다. 결혼은 결코 낭만이 아니다. 지극히 현실이다. 그렇기 때문에 지금 여러분이 결혼에 대해서 준비하지 않으면 대책 없는 삶이 연속될 것이 뻔하다. 우리 청년들에게 이렇게 결혼에 대해서 생각해 보고 도와주시려고 주님께서 이런 귀한 시간들을 마련해 주셨을 것이라고 확신한다.

그러면 결혼을 하기 전에 우리들의 이성교제가 하나님의 원하시는 방식으로 이뤄지려면 어떻게 준비되어야 하는지 생각해 보기로 하자.

3장_ 자부심을 가지고 자신을 잘 가꾸라

하나님께서 우리들을 남성과 여성으로 지으셨다는 확신을 가지고 자기 자신을 잘 가꾸어 나가야 한다. 결혼 전의 만남은 여성이 남성, 혹은 남성이 여성과 만나서 교제하여 사귀는 것이 성경에서 말하는 조건이다. 남성과 남성 또는 여성과 여성이 만나서 교제하는 것은 하나님 앞에 큰 죄를 범하는 것이다. 세계 여러 나라들의 예를 들어 보면 미국에는 합법적으로 동성결혼을 인정하는 곳이 있다. 유럽 여러 나라에서도 이성에게 관심을 기울이는 것이 아니라 동성에게 더 관심을 기울이고 끝내는 결혼하여 가정을 이루는 사람들이 너무나 많이 늘어가고 있다. 우리나라도 예외는 아니라는 것을 심심찮게 여러 보도를 통해서 듣고 있다. 옛날에는 부끄러워 숨기던 사건들이었으

나 지금은 보란 듯이 아주 떳떳하고 당당하게 합법적으로 죄를 드러
내고 그것이 부끄러운 일이 아니라는 것을 알리고 있다. 알릴 뿐 만
아니라 권장하는 듯한 분위기를 만들어가고 있다. 기독교인이 설 자
리가 점점 좁아지는 것이다.

우리들의 현실은 여러분이 생각하는 만큼 안전하지 않다는 것을
깊이 깨달아야 한다. 그리스도인들이 정신 차리지 않으면 이 세상 역
시 소돔과 고모라가 되지 말라는 보장이 어디 있겠는가? 늘 깨어서
기도하지 않으면 자신도 언젠가는 세상의 덫에 걸려 넘어질 수 있다
는 것을 명심해야 한다. 그래서 우리는 하나님이 주신 성을 제대로 인
식하며 살아가는 훈련이 필요하다. 내가 여자로 태어나고 싶어서 태
어난 사람은 이 세상에 아무도 없다. 또 남성으로 태어나고 싶어서
이 땅에 남성으로 태어난 사람은 아무도 없는 것이다. 우리가 선택해
서 태어난 것이 아니라 하나님이 우리 각자에게 주신 선물을 받은 것
이다. 이것을 억지로 바꾸려고 성전환 수술을 하는 것은 하나님에 대
한 모독적 행위이다. 내가 남자로, 여자로 태어난 것에 대해 하나님
이 우리를 그렇게 만들어 주셨다는 자부심과 긍지를 가지고 남성으
로서, 여성으로서 자기 자신을 아름답게 잘 가꾸어 가야 한다. 주님
이 우리에게 부여해 주신 것은 다 좋은 것이다. 우리의 남성 됨 혹은
여성 됨을 후회한다는 것은 곧 하나님을 원망한다는 것으로서 무서
운 죄를 범하는 것이다.

청년들은 이제 남성으로서 또한 여성으로서 자기의 위치를 바로 정립해서 성숙한 모습으로 가꾸어 나가는 것이 매우 중요하다. 미국이나 유럽 여러 나라에서는 고등학교를 졸업하면 법적으로 부모를 떠나도 되는 선택권이 주어진다. 그래서 대부분 대학을 들어가는 동시에 절차를 밟듯이 집에서 나와 자기생활을 독립적으로 사는 생활환경에서 자라간다. 독립 생활은 부모님의 간섭에서 벗어나 학비를 비롯해서 용돈을 스스로 벌어서 충당하는 등 자립심을 길러주는 유익함이 많이 있다. 간접적으로 도와주는 부모들도 있지만 당당하게 부모에게 용돈을 달라고 손 내미는 젊은이들이 그리 많지 않다. 거기에 비해 우리 한국은 얼마나 많은 젊은이들이 부모들의 물질과 헌신을 요구하는지 알 수가 없다. 그러기에 어버이에게 더 순종을 잘하는 면이 있다. 신앙적으로 어버이의 그늘에서 안심하고 자랄 수 있는 것은 있지만 의존적인 면이 너무나 강하다. 그래서 마마보이라는 말이 생긴다.

　　고등학교를 졸업하고 대학을 다니는 사람들을 비롯해서 결혼 적령기를 넘어선 청년들에 이르기까지 다양한 연령층이 자리에 함께 있다. 각자가 주어진 남성으로서, 여성으로서 자기 자신을 잘 가꾸어 성인으로서 책임감을 가진 자로 훈련을 해야 할 것이다. 다시 말하면 매력적인 사람이 되어야 한다. 남성으로서, 여성으로서의 호감이 가는 품위를 지켜야 한다는 말이다. 어떻게 하는 것이 상대방에게 매력 있는 남성과 여성으로 보이게 하는가?

1. 검소하고 단정한 옷차림

요즘 사람들의 옷차림새를 보면 여자인지 남자인지 헷갈릴 때가 너무 많이 있다. 우리는 대체적으로 남자는 화장을 하지 않고 머리도 짧고 어떠한 장식도 하지 않는 것이 상식인 시대를 살아왔다. 그리고 성경에도 남자의 의복과 여자의 의복이 따로 있다고 하지 않았는가? 물론 그 개념도 시대에 따라 다르기 때문에 문자적으로 적용할 수는 없다고 한다. 그러나 남자의 복장과 여자의 복장은 엄격하게 구분됨이 상식적이다.

우리는 외모도 그리스도인답게 정숙하고 단정하게 여자인지 남자인지 구분이 가도록 옷을 입었으면 한다. 요즈음 젊은이들의 옷차림새를 보면 옛날 몸 파는 여자들이나 입었던 야한 옷을 입고 다니는 사람들이 얼마나 많은지 여러분도 잘 알고 있을 것이다. 하나님을 믿지 않는 사람들이 입고 다니는 것을 뭐라고 할 수 없지만 우리 기독교인들은 옷을 입고 다니는 것도 단정하게 해야 할 것이다.

2. 인사를 잘하는 청년들이 되라

교회 안에는 어른들이 많이 계시다. 장로님들을 비롯해서 권사님들이나 나이 드신 어른들을 볼 때 공손하게 인사하는 습관을 가져야 한다. 그것이 자기 자신을 알리는 좋은 기회가 되는 것이다. 여러분도 이제는 어른이 되어가는 과정이기에 교회에서 많은 어른들과 교제의 폭을 넓히면 자기 자신을 나타내어야 할 것이다. 청년부 모임에만 참석하고 가면 교회 식구들은 여러분들을 길에서 만나도 모르는 사람이다. 관심 밖에 사람이 되는 것이다. 사람들을 점점 알아가는 것은 여러분의 성숙도를 한층 더 돋보이게 하는 것이 된다. 때로는 기도 부탁도 하고 신앙의 교제를 나누는 여유를 가져야 할 것이다. 왜냐하면 우리 교인 중에 여러분의 시어머니와 시아버지 될 사람과 장인과 장모가 될 사람이 있을지도 모르기 때문이다.

여러분의 행동과 말씨와 활동을 모든 사람들이 보고 있다는 사실을 항상 염두에 두고 어른이 되어가는 과정을 잘 소화해 내기를 바란다. 언제까지 자기 자신만 아는 어린아이의 자리에 있을 수는 없다. 담임 목사님과 교역자들을 만나면 수고하십니다. 감사합니다! 라고 정중하게 표현하는 우리들의 멋진 청년들이 되기를 바란다. 그냥 모른 척 하고 지나가는 것이 아니라 어디서나 깍듯이 인사하고 예의 바르게 행동하는 사람들이 되어야 한다. 어른들은 상냥하고 깍듯이 예절을 잘 지키는 사람들에게 호감을 가진다. 어른들의 마음에 드는 것이 무엇보다 중요하다. 신앙생활도 주님의 마음에 들면 모든 것이 오케이지 않는가? 자신의 자유가 남에게 이맛살을 찌푸리는 것이 되어서는 안된다.

3. 양서를 많이 읽으라

성도이기 때문에 매일 성경을 읽고 묵상하는 것은 기본이다. 여기에 자신의 전문 분야에도 능통한 자가 되어야 하지만 그렇지 못하더라도 소위 베스트셀러 작품들을 섭렵하고 동시에 고전들을 틈틈이 읽어두는 것이 대화의 소재들을 풍성하게 할 수 있다. 요즘 젊은이들을 보면 책을 거의 읽지 않는다. 대화의 소재가 빈곤하기 그지없기 때문에 대부분 연예인이나 스포츠 스타들의 일거수일투족에 민감하게 반응한다. 매력 있는 청년이 되려면 자신의 분야에 대한 전문 지식과 교양을 갖추도록 양서를 섭취하여 삶을 보다 진지하고 품위 있는 수준으로 자신을 업그레이드시키는 것이 바람직하다. 허망한 것들에 시간과 정력을 낭비하는 어리석음을 버리라. 남자는 여성이 볼 때 자신의 미래를 맡겨도 안심할 수 있는 사람이어야만 호감을 줄 수 있다. 미래가 불투명하고 불안한 남자에게는 마음을 주지 못하는 것이다. 여성도 가정을 잘 꾸리고 자녀교육을 바르게 시킬 수 있는 내공을 충분히 길러놓았을 때, 또 그렇게 하려고 노력하는 교양 있는 모습을 갖추기 위해 힘쓰는 자라야 남성의 마음을 얻을 수 있을 것이다.

이처럼 외모와 내적인 성숙을 추구하는 과정을 통해서 서로에게 이끌리는 매력적인 젊은이들이 될 수 있다.

4장_ 배우자를 어디서 어떻게 만나야 하는가?

1. 예수그리스도를 영접한 사람들을 만나야 한다.

앞에서도 이미 언급한 것이지만 예수 그리스도 안에서 거듭난 사람을 만나야 한다. 그러기 위해서는 여러분의 배우자를 세상 한 가운데서 찾는 것이 아니라 믿는 사람들의 모임에서 찾아야 한다. 무엇보다 가까이에서 찾는 것이 물질과 시간을 절약하는 일이다. 교회 안이나 학교 기독교 동아리, 또는 선교단체와 같은 믿는 사람들의 모임을 통해서 만나는 것이 좋다. 그러한 공동체 안에서 청교도들이 제시한 다섯 가지 기준을 살펴보는 것이 바람직할 것이다.

믿지 않는 불신자와의 교제는 적극적으로 반대한다. 불신자와 결혼하여 사는 선배들을 보면 얼마나 어려운 길인지 쉽게 알 수 있다. 따라서 어렵게 살려고 작정한 사람이 아니고서는 그러한 모험을 감행해서는 안 될 것이다. 전도하면 된다는 어리석은 생각은 하지 말기를 바란다. 수많은 신앙의 선배들을 통해서 알 수 있듯이 믿지 않는 배우자와의 결혼은 꺼지지 않는 뜨거운 불을 가지고 결혼하는 것과 마찬가지다. 지금 현재 자신의 배우자로 삼을 사람이 거듭난 사람이 아니라면 일찌감치 포기하는 것이 현명한 처사라고 생각된다. 성경은 그리스도와 벨리알이 결코 함께 할 수 없다고 말한다. 불신자와 결혼하고 싶은 자는 하나님 없이 살겠다는 것과 다를 바가 없다. 불신자와의 결혼은 많은 혼란과 아픔을 수반 한다. 처음엔 이겨본다고 노력하지만 후에는 점점 밀려나서 결국 신앙을 잃게 되고 많은 세월을 죄의식 가운데서 살게 된다.

성경에서도 믿지 않는 자와 멍에를 같이 하지 말라고 주님께서 말씀하셨다. 이 말씀을 주신 것은 우리를 지으신 하나님께서 믿지 않는 자와 결혼하는 것이 얼마나 힘들고 어려운 일인지를 잘 아시기 때문이다. 행복해지기 위해서 결혼하는 것이지 불행하기 위해서 결혼하는 사람은 이 세상에 바보가 아닌 이상 아무도 없을 것이다. 믿는 형제가 자매보다 상대적으로 적은 것은 사실이다. 그러나 세상적인 욕심 때문에 신앙을 양보하는 것이 더 많은 것이 현실이다. 영적으로 죽기를 각오하고 사는 것이 아니라 세상 사람들 앞에 또는 동료들 앞에

과시하고 싶은 욕망 때문에 불신자와의 교제를 하는 것은 아닌지 냉철하게 생각해 보라. 불신자와의 결혼은 경건한 가정, 하나님의 복이 함께 하는 가정을 만들기 어렵다. 결혼은 항상 개인과 개인의 만남으로 끝나는 것이 아니다. 가문과 가문의 결합이 된다. 불신자를 시집으로 두면 조상을 섬기는 제사를 비롯하여 대개 주일에 모이는 각종 집안 행사에 참여해야 한다. 주일을 거룩하게 지키며 하나님께 예배하는 일을 빠지지 않을 수 없게 된다. 그렇지 않으면 핍박과 고난을 각오해야 할 것이다.

더불어 2세 교육에 실패하게 된다. 엄마는 믿음으로 양육하고자 하지만 주변이 결코 용납할 수 있는 분위기가 되지 않는다. 거룩한 씨로 번성케 하기보다는 사단의 씨를 잉태하는 자가 되는 것이다. 적어도 초등학교 시절까지는 아이들을 교회에 데리고 나올 수 있어도 중학생이 되면 자기들도 조금 컸다고 아빠가 교회에 나가지 않을 때 자신들의 주장을 내세우게 된다. 점점 교회를 등한히 여기고 결국은 세상과 입 맞추며 살게 된다.

선교사형 데이트, 무슨 말인지 아는가?

교회 안에서 믿는 형제와 자매를 찾으려고 하는데 마땅한 사람이 없고 신앙을 가지고 있는 청년은 물질이 없고 외모도 멋이 없어 마음에 드는 것이 없다고 생각한 나머지 세상에 나가서 배우자를 찾아 헤매는 사람들이 의외로 많은 것 같다. 교회에서는 신앙생활을 잘 하고 있는데 세상에 나가서는 그들과 어울려서 놀고 지내고 즐기고 또 상대를 전도한답시고 자꾸 만나서 교제를 하는 청년들의 데이트를 선교사형 데이트라고 말하는 것이다. 좋게 붙여서 선교사형 데이트지 실제는 세속화를 흠모하는 데이트일 뿐이다. 믿지 않는 자와 가는 장소가 어딜 것이며 나누는 대화가 무엇이 될 것이며 귀로 듣고 눈으로 보는 것이 어떤 것일지는 너무나 뻔하다.

믿지 않는 자들을 전도하는 것은 우리 기독교인이라면 누구나 해야 하는 당연한 임무이기는 하다. 그러나 믿지 않는 배우자를 골라서 전도해야 한다는 것은 한마디로 꿈일 뿐, 어서 빨리 깨어나기를 바란다. 이것은 엄청난 대가를 지불하지 않으면 안되는 일이기 때문이다. 순교자가 되고 싶으면 그렇게 하라. 그렇지 않으면 반드시 거듭난 사람들과 만나서 교제를 하는 것이 현명한 일이다.

현재 새 가정부 식구들을 보면 얼마나 안타까운 일이 많은지 알 수 없다. 나는 눈물을 흘리며 그들의 영혼을 위해서 지금도 기도 하고 있다. 그런데 그들은 너무나 무방비 상태여서 진리를 지키겠다는 마음마저도 점점 무너져 가고 있다. 두 부부가 서로 예수님을 믿고 결혼을 해도 우리에게는 수도 없이 어려운 일들이 기다리고 있는데 한 쪽이 예수님을 믿지 않으면 가장 기본적인 문제에서부터 흔들리게 된다는 사실을 말하고 싶다. 기도 동역자가 있다는 것이 얼마나 든든한 힘인지, 나 홀로 서있다는 것은 말로 다할 수 없는 고통이다.

신앙인으로서 가장 기본적인 것은 주일을 지키는 것이고 성경을 읽는 것이고 기도하는 것인데 이것들을 하지 못해 얼마나 힘들어하는지 모른다. 그렇다고 눈물로 기도하는 시간을 갖지도 않는다. 하나님의 능력을 바라고 믿음으로 헤쳐 나가고자 하는 각오도 없이 덜컥 결혼부터 하고는 핑계를 대고만 있다.

바로 이러한 것이 아무 준비 없이 결혼한 것이 아니고 무엇이란 말인가? 하나님께서 제정하시고 복을 주시려고 만들어주신 가정이 하나님하고는 상관없이 살고 있다면 그것이 과연 행복한 결혼 생활이라고 말할 수 있단 말인가? 결혼생활을 통해서 성숙한 부부가 되어야 한다. 결혼생활을 전쟁터로 만들지 않으려면 믿지 않는 자와의 교제는 꿈도 꾸지 말라고 단호히 경고한다. 사랑이 많으신 하나님께서 여러분의 배우자가 누구인지 왜 모르시겠는가? 여러분의 아버지가 되시는 하나님께 지혜를 구해서 믿는 배우자를 찾아야 할 것이다. 믿는 청년이 없다고 말하지 말고 간절히 부르짖으라. 하나님께서 반드시 좋은 배우자를 만나게 할 것이다. 어떤 청년은 기도는 하지 않고 육신적인 눈으로만 부지런히 찾아 다닌다. 내가 찾은 자가 아니라 하나님이 만나게 해 주신 자라는 확신을 가지고 결혼하려면 열심히 기도해야 한다.

2. 경건한 어른들께 자주 보이고 부탁하라

여러 훌륭한 성도들의 눈에 많이 뜨이기를 바란다. 예배 참석에 적극적으로 임하라는 말이다. 혼자서 배우자를 찾는 것보다 다른 신앙인의 도움을 받으면 훨씬 용이하다. 그리고 '저는 결혼 안 해요!' 라는 말과 '저는 결혼 천천히 할 거에요!' 라는 말은 여러분의 배우자를 찾는데 전혀 도움이 되지 않는다.

'저는 결혼할거예요! 목사님, 집사님, 권사님 저를 위해서 생각나는 대로 기도해 주세요! 믿음이 좋은 형제자매 만날 수 있도록 도와주세요!' 라고 늘 말하라. 그러면 여러분의 이 말을 위에 계신 하나님이 듣고 계시면서 좋은 기회를 주지 않겠는가?

제발 세월을 아껴서 주님을 사랑하고 자기 자신의 신앙성숙을 위해서 애쓰고 힘쓰는 청년들이 되라. 준비가 되어 있으면 하나님께서 어떠한 모양으로라도 배우자를 만나게 해주신다는 믿음의 확신을 가지라. 주님은 당신의 청년들을 정말 많이 사랑하시기 때문에 결혼을 통해서도 영광을 받으시기를 원하신다는 것을 굳게 믿고 기도로 잘 준비하기 바란다.

청년들이 새벽기도회나 교회에서 공식적으로 모이는 예배시간에 늘 참석하여 영적인 신령한 것을 체험하기를 바란다. 하나님과 가까이 하는 자는 하나님의 마음을 잘 알기 때문에 실수하지 않고 결혼을 잘 준비할 수 있다. 다시 한번 강조하지만 절대로, 절대로 믿지 않는 자와 멍에를 같이 하지 말라는 것을 여러분의 머리에 각인 시키시고 심장에 새기라.

5장_ 바람직한 이성교제 어떻게 할 것인가?

1. 머리를 사용해서 만나라.

우리가 사람을 알아가는 데는 참으로 많은 시간을 필요로 한다. 요즈음 미국에서나 한국에서도 그날 만나서 데이트를 즐기고 결혼한 사람들에게만 허용하는 성관계까지 하는 젊은이들이 얼마나 많은지 모른다. 이것은 불행을 자초하는 것이요 삶을 포기하는 행동이 아닐 수 없다. 적어도 교제는 상대방에 대한 정확한 이해를 얻으며 동시에 자신에 대한 올바른 평가를 내릴 수 있게 하는 것이 되어야 한다. 서로가 살아온 과정과 앞으로의 인생의 여정을 어떤 식으로 계획하고 있는지 점검해 보는 시간이어야 한다. 주님을 섬기며 살아가면서 주님과 동행하는 경험들을 나누며 영적 성숙을 꾀해야 한다. 많은 사람들이 연애기간의 감정을 낭만으로 생각하고 있는데 연애기간은 최대한 머리를 사용해서 똑똑하게 보내지 않으면 평생 후회하는 삶이 기다리고 있다는 사실을 염두에 두어야 한다. 특히 교제 기간 중에는 감정에 치우치지 말고 냉철한 이성에 힘을 실어야 한다. 감정은 쉽게 변한다. 깊이 생각하라. 상대방의 진실성을 다방면으로 살펴보고 확인하라. 영적인 세계에서도 천사로 가장하여 성도들을 넘어뜨리려는 사단의 간교함이 있듯이 단지 육체적인 것만 탐하여 감언이설로 혹은 감정적인 분위기를 유도하여 넘어뜨리는 일들이 벌어진다. 그러므로 감정에 좌우되지 않고 이성적 사고로 판단을 잘 해야 한다.

대화를 통해서 상대방의 성격과 인품을 알아가는 작업을 반드시 거쳐야 한다. 절대로 마음을 다 빼앗기지 말고 천천히 시간을 가지고 사람을 알아가야 한다. 배경이 좋아서, 집안이 좋아서 선택하는 것이 아니고 그 사람과 한 평생을 살아가야 하는데 과연 할 수 있을까를 늘 생각하면서 행동해야 한다. 없으면 못 살겠다고 좋아서 결혼해 놓고 도저히 함께 살 수 없다고 이혼을 한다. 이혼자의 거의 4할 대가 성격차이 때문이라고 한다. 이것은 상대방을 아는 데에 충분히 준비하는 시간을 갖지 않고 감정에만 이끌렸다가 실패함을 반증하는 것이다.

2. 너무 서두르지 말아야 한다.

적어도 연애기간은 사시사철을 다 지내 본 1년 내지 2년이라는 기간을 지내봐야 한다. 상대방에 대한 다양한 면들을 파악하는 충분한 시간이 필요하다. 서두에 언급한 다섯 가지 조건들을 점검하는 공동체 활동이 필요하다. 교회 수련회에 간다든지, 단기 선교여행에 함께 동참한다든지 봉사활동에 참여한다든지, 교회 여러 행사들을 참여하면서 적극 관찰하는 것이 필요하다. 죽을 때까지 같이 살아야 할 사람이기에 신중을 기하지 않으면 실패할 수밖에 없을 것이다. 배우자의 부모들도 만나서 그가 자라온 배경에 대해서 알아두는 것도 좋을 것이다. 또 그가 어른들을 어떻게 대하는지도 점검 해야 한다. 지금의 젊은이들은 어른들에게 공손하지 못하고 함부로 대하는 사람들이 많이 있는 것 같다. 그러면 그가 장차 나에게도 함부로 하고 예의 있게 대하지 않는다는 사실을 기억해야 한다. 얼마나 겸손하게 어른들을 섬기는지를 잘 살펴서 실수하는 일이 없기를 바란다.

무릇 불효자는 가까이 하지 말고, 형제끼리 우애가 깊지 못한 사람도 가까이 해서는 안된다. 사람을 알아보려면 먼저 가정생활을 어떻게 하는가를 알아보면 된다. 그리고 게으르고 사치하는 사람은 아닌지 살펴보아야 한다. 평생 물질적으로 고생하지 않고 살려면 남자든 여자든 상대방이 얼마나 검소한 생활을 하는지 교제를 통해서 점검해야 한다. 옛 어른들에 말에 의하면 아내가 게으르면 가산을 탕진시킬 근본이 된다고 하였다. 아내의 검소한 생활로 인하여 그 집안의 흥망성쇠가 달려 있다고 하여도 과언이 아닌 것이다. 세상 사람들도 하늘은 게으른 것을 싫어하니 반드시 복을 주지 않는다고 하였다. 하물며 우리 예수 믿는 사람들이야 말로 오죽 하겠는가?

지금 젊은 남녀들이 쓰고 있는 신용카드 내역도 살펴볼 필요가 있다. 결혼 전에 신용카드 빚이 있는 줄 모르고 결혼했다가 결혼 후에 발견하여 도저히 못 갚겠다고 이혼하는 경우도 있다. 정말 필요한 것인지 전혀 기도도 하지 않고 견물생심에 선뜻 사는 그런 삶의 방식은 위험한 신호가 될 수 있다. 잠언은 이렇게 말한다 "무릇 지혜로운 여인은 그 집을 세우되 미련한 여인은 자기 손으로 그것을 허느니라"(잠 14:1). 지혜는 여호와를 경외하는 것에서 얻는다. 단순히 교회에 다니는 청년이 아니라 경건의 능력이 있는 사람인지를 살피는 것이 필요한 것이다. 평생을 같이 할 사람이기에 두 눈을 똑바로 뜨고 상대방이 어떠한 인품의 사람인지를 잘 살펴야 할 것이다.

3. 친구들을 보라.

이것은 청교도들이 제시한 다섯 가지 원칙 맨 마지막 부분이다. 배우자들의 친구들을 보면 그 사람을 알 수 있다. 모든 사람들은 다 비슷한 사람끼리 만나기 때문에 상대방의 친구들을 보면 그 사람이 어떠한 사람인지 금방 알 수 있을 것이다. 그가 어떠한 사람들과 어울려 지내는지를 잘 보고 판단해야 할 것이다. 또 검소한 사람인지 돈을 헤프게 쓰는 사람인지 잘 구분해야 한다. 물질을 아끼지 않고 함부로 쓰는 사람이라면 평생 고생하며 살 것이 뻔하다.

4. 절대로 신체접촉을 하지 말아야 한다.

요즘 같은 세상에서 여러분에게 이 말이 얼마나 설득력이 있을지 모르겠지만 하나님이 우리에게 주신 남녀간의 성관계는 부부에게만 주셨다는 것을 분명히 말하고 싶다. 아무리 결혼을 약속한 사이라고 해도 몸을 섞는 것은 하나님께 큰 죄를 범하는 것일 뿐 아니라 나중에 오히려 큰 상처로 되돌아오게 되는 경우가 많다. 혼전 순결을 지켜야 한다. 어떠한 일이 있어도 신체접촉을 허락해서는 안 된다. 결혼을 약속한 사이라면 손을 잡는 것이나 가벼운 키스는 할 수 있겠지만 더 이상 신체접촉을 통해서 가까이 가는 것은 잘못된 행동 양식이다. 성의 접촉을 하다 보면 더 이상 서로를 알아가는 대화의 문이 막히게 된다. 남자들의 욕망을 결혼 전에 억제하지 못하면 하나님 앞에서 죄를 범하는 것이 되기 때문이다.

여자들은 성관계를 가지게 되면 그것이 곧 바로 임신이라는 엄청난 사건에 말려들 수밖에 없는 큰 현실에 직면하게 된다. 지금 일본에서는 결혼 전에 임신을 하면 결혼비용을 비롯해서 많은 혜택을 주는 이벤트가 유행한다고 한다. 이제 결혼 전의 섹스는 아무 죄의식도 주지 않으며 지극히 당연한 현실이 되고 말았다. 그런 세상에 살고 있다고 해도 성도는 세상 사람들과 달라야 한다. 악인들과는 판이하게 다르다는 사실을 인식하고 있는 그리스도인은 이성교제에 있어서도 성결해야 한다. 첫날밤 나의 모든 순결을 하나님이 짝지어준 상대방에 바친다는 헌신된 태도가 필요하다. 혼전에 관계를 가지게 되면 결혼의 신비감을 상실해 버린다. 지금의 시대는 성령이 충만한 시대가 아니라 성이 충만한 시대가 되고 있다. 그러나 우리 그리스도인들은 성경에서 말씀하시는 대로 자기 자신을 맡겨야 할 것이다. 우리 감정이 시키는 대로 행동하는 것이 아니라 하나님이 원하시는 일들을 힘들어도 지켜 나가야 할 것이다.

어쨌든 여성들은 여러분의 몸을 소중히 다루어 주는 배우자를 만나야 할 것이다. 결혼 전에 허락하지도 않는 섹스를 통해서 즐거움을 누린다는 것은 올바른 것이 아님을 명심하고 배우자에게 여러분의 몸을 함부로 맡겨 죄를 범하지 말아야 한다. 결혼 전까지의 순결을 반드시 지켜야 한다. 원치도 않은 임신 때문에 빨리 결혼해야 하고 결혼해서 신혼의 기간을 만끽하지도 못한 채 자녀들 낳고 키운다고 생각해 보자. 이 얼마나 어렵고 힘들겠는가?

또한 요즈음 젊은이들의 임신과 더불어 낙태가 얼마나 심각한 지는 말하지 않아도 잘 알 것이다. 영국에 있을 때 아내가 한 비디오를 보고 들려준 내용은 충격이었다. 다름 아닌 낙태된 아기들이 어떻게 죽음을 당하고 있는지를 생생하게 보여준 비디오였다. 의사가 집도하는 칼에 살고자 몸부림치는 어린아이의 팔 다리 머리가 잘려서 나오는 것을 보고 경악을 금치 못했다. 병원 양동이에 어린 아기들의 팔과 다리가 담겨져 있는 사진을 보고 얼마나 울었는지 모른다. 기술이 발달한 지금이라고 해서 낙태 수술이 다르진 않다.

이것이 우리들이 살고 있는 현실이다. 남녀의 무분별한 섹스로 인해 지금도 수많은 태아들이 빛을 보지 못하고 소리 없이 죽어가고 있다는 사실을 모두들 잘 알고 있어야 한다. 2007년 한국의 낙태율은 1000명당 31명으로 OECD 국가 중 최고 수준이다. 최근 온라인 리서치 전문기업 '두잇서베이'가 대학생 1001명을 대상으로 '대학생의 성의식' 조사를 실시한 결과를 보면 55.6%의 학생이 성 관계경험을 가진 것으로 나타났다고 밝혔다. (조선일보 2012년 2월 3일자) 성경험을 해본 대학생 중 17.7%는 "임신경험이 있다"고 답했고 이 중 88.5%는 "낙태 시술을 했다"고 했으며, "그냥 낳았다"는 응답은 11.5%에 그쳤다.

왜 이런 무거운 말을 하는지 알고 있는가? 남녀들이 사랑한다는 명목 하에 이런 엄청난 살인들이 저질러지고 있다. 이 글을 읽는 여러분도 이러한 일에 예외라고 보증할 수 없다. 그러기에 다시 한번 말하지만 '결혼 전에 섹스는 죽음이다!'라고 생각하기를 바란다. 남성 호르몬이 작용하면 단 1분도 걸리지 않고 관계를 할 수 있다. 반면 여성의 호르몬은 20분 정도가 걸린다고 한다. 그러니 여성들이 그런 분위기를 만들지 말고 지혜롭게 대처해야 할 것이다. 그리고 남자들도 진정으로 배우자를 사랑하고 결혼하고 싶으면 잘 참고 인내하면서 여성의 몸을 아끼고 지켜 주어야 할 것이다.

과연 후회 없는 만남을 위해서는 끊임없는 기도와 하나님의 계획속에 들어가 살고 있다는 확신을 가지는 것이 중요하다. 주님께서 여러분의 배우자를 만나게 해 주시리라 믿는다. 그러나 그 때가 언제인지 우리가 잘 알 수 없기 때문에 늘 우리 자신들이 깨어 있어야 할 것이다. 그리고 좋은 배우자를 바라고 기대만 하기보다는 하나님께서 기뻐하시는 배우자가 되도록 앞에서 말한 것처럼 철저히 준비하는 자세와 성숙한 모습으로 자신을 키워나가야 할 것이다.

우리가 그렇게 원하는 결혼을 했다고 해서 누구나 행복이 보장되는 것은 아니다. 아무리 훌륭한 배우자를 하나님이 주신다고 해도 내가 하나님과의 관계를 바로 하지 않으면 행복은 내게로 찾아오지 않는다. 매력적인 사람이 되기 위해서는 언제나 어디서나 순결을 지키는 즉 하나님의 말씀에 순종하는 아름다운 청년의 모습을 유지해야한다. 이것은 자기 자신을 하나님의 말씀에 복종시키지 않으면 불가능한 일이기에 늘 주님과 가까이 교통하는 훈련을 해야만 한다.

낭만적인 연애는 가능한가?

사랑하는 청년들이여! 낭만적인 연애, 건전한 이성교제는 가능한가? 충분히 가능하다. 그러나 엄청난 노력을 기울여야 한다. 감정대로 이끌리지 않고 이성의 작용을 더욱 견고하게 세워야 한다. 훗날의 행복과 번성을 위하여 하나님과 함께 여러분의 배우자를 찾는 일에 힘을 다하라. 그리고 기쁨으로 모든 일에 감사하며 매력적인 사람으로 만들어 가는 신실한 사람들이 되기를 힘쓰라. 하나님의 계획 속에 삶을 맡기는 멋진 청년의 삶을 살기를 바란다. 그래서 결혼이라는 이 엄청난 행복의 관문을 잘 통과하기를 바란다. 그것도 가능하면 일찍 말이다. 누구나 결혼을 하지만 행복한 결혼을 하는 사람은 그렇게 많지 않다는 사실을 인식하고 잘 준비하는 여러분이 되어서 하늘에서 웃으시고 복 주시기를 기뻐하는, 그리고 사람들에게 칭찬 듣고 덕망 있는 복된 가정을 이루는 소망을 가지고 준비된 예비 신랑신부가 다 되기를 소망한다.

2부

하나님께서 주신 언약_

결혼으로의

초대

유명자 사모

6장_ 성경적인 결혼을 말하다

1. 부모를 떠나

태어나면서부터 부모의 계속적인 관심과 사랑과 헌신, 돌봄의 테두리 안에서 살았던 젊은이들이 결혼을 통해서 드디어 부모를 떠나는 여정이 시작된다. 결혼을 했는데도 계속 부모의 간섭을 받는다면 그 결혼은 올바른 길로 가기가 어렵다. 부모를 떠난다는 것은 스스로 독립된 가정을 세워가는 것을 의미한다. 그렇기 때문에 부모는 자신들과 동등한 한 가정의 탄생을 인정하고 자녀들이 성숙한 가정을 이끌어 가도록 옆에서 지켜보며 기도해야 한다. 오랜 세월을 살아온 부모들에 비해 이제 막 새 출발한 자녀들의 모습이 때로는 답답하고 안타깝겠지만 그들을 끝까지 인정해주고 격려해주고 세워주는 일이 필요하다.

처음부터 완벽하게 잘하는 부부는 이 세상에 없다. 서로 시행착오를 겪고 인내하며 만들어가는 것이 행복한 가정이다. 부모의 간섭을 받는 젊은이들의 특징은 부부간의 문제가 생길 때 스스로 해결하지 못한다는 것이다. 이 세상에서 부부로 살아가는 것은 만만치가 않다. 노력과 인내없이 행복하게 살아가는 부부는 이 세상에 없다. 그렇기 때문에 부부들이 홀로 서기를 잘 할 수 있도록 부모는 멀리서 기도하며 지켜보는 것이 좋다. 스스로 해결을 하지 못할 때 부모가 조언은 하되 결정은 당사자인 부부가 내려야 하는 것이다.

결혼 전에는 성격이 좋아서 결혼한다고 하지만 시간이 지나면 성격이 맞지 않아서 이혼하겠다는 것이 현실이다. 그래서 결혼 전에 좋았던 것들이 결혼 후에 더 풍성하게 좋은 열매로 나타나기까지는 시간이 필요하다. 둘이 서로를 알아가며 인내하고 많은 경험을 공유하며 살아갈 수 있는 기회를 만들어 주어야 한다. 그런데 시댁과 처가 쪽의 간섭이 심하면 부부의 삶에 혼란을 가져 올 수 있다. 양가 어른들 때문에 자녀들의 행복해야 할 결혼생활이 불행으로 귀결되게 해서야 되겠는가?

행복한 부부로 살아가려면 수많은 대화의 시간이 필요하고 서로를 이해하는 수준이 높아야 한다. 결혼 전에는 싫으면 안 만나면 되지만 결혼 후에는 싫든지 좋든지 늘 함께 있어야 하기 때문에 부딪힐 일이 아주 많다. 의견충돌이 많기 때문에 지혜롭게 잘 대처하지 않으면 부부싸움이 그치지 않게 된다. 나중에는 아주 사소한 일까지도 싸움으로 가져가 자녀들에게 결혼생활은 결코 해서는 안 되는 일로 각인시키는 죄를 범하는 것이다. 그런 것이야말로 아주 미련한 부부가 되는 것이다. 그래서 부부 둘만의 시간을 만들어 이 모든 것을 잘 극복하고 이겨낼 수 있는 힘을 기르도록 노력하며 살아가야 한다.

그렇다면 부모를 떠난다는 것이 무엇을 뜻하는 것인가?

육체적으로 떠나라

산업사회가 된 이후 핵가족이 급속하게 늘어가고 있음에도 여전히 부모님들과 함께 살아가는 가정들이 많이 있는데 가문의 전통과 올바른 사회생활을 학습하는 터전으로서가 아니라 단지 부모님으로부터 경제적으로 도움의 손길을 보장받는 실용성 때문인 경우가 많다. 그렇기 때문에 부모님의 도움을 받으면서 결혼생활을 시작하는 부부 생활이 당연하게 받아들여지고 있다. 그러나 어쩔 수 없이 같이 살아야 하는 형편이 아니라면 따로 사는 것이 성경적이라고 할 수 있다. 부모님의 집은 부족한 것 없이 다 준비되어 있어서 사는 것이 불편하지 않았지만 처음 시작하는 신혼 집은 필요한 것이 한두 가지가 아닐 것이다. 그 부족한 부분을 함께 채워가는 재미를 누려야 한다.

그런 부족함이 주는 행복을 알기 위해서는 완벽하게 갖추어 놓고 사는 것이 아니라 저들의 형편에 따라 꼭 필요한 것만 준비해 가면서 살아가게 해야 한다. 남편은 많은 부담감을 안고 가장의 책임을 다하며 아내를 보살피는 노력을 해야 한다. 어려움을 통해서 하나님을 더욱 의지할 것이고 나름대로 남편의 삶의 길을 찾아갈 것이다.

내가 하고 싶은 대로 하는 것이 아니다. 이제는 혼자가 아니라 늘 내 옆에 사랑하는 아내가 있다는 것을 명심해야 한다. 친구를 만나거나 취미생활을 하는 것도 아내와 함께 의논하면서 합의점을 찾아 가야 한다. 아내와 함께 시간을 많이 보내야 하는데 도리어 친구들과 있는 것이 좋아서 늦게 집에 들어가 잠만 자는 하숙생 같은 남편들도 많이 있다. 가정은 근본적으로 사랑과 행복이 깃든 공동체가 되어야 한다. 밖으로 도는 자녀들과 남편이 되게 해서는 안 된다.

신명기 24:5에 '사람이 새로이 아내를 취하였거든 그를 군대로 내어 보내지 말 것이요 무슨 직무든지 그에게 맡기지 말 것이며 그는 일 년 동안 집에 한가히 거하여 그 취한 아내를 즐겁게 할지니라'고 하였다. 서로를 알아가며 이해하는 시간이 필요하다는 것이다. 어느 누구도 부부의 삶을 방해 할 수 없다. 서로가 잘 알지 못하면 오해가 생기고 결국은 돌이키기 힘든 수준에 이르게 될 수 있다. 먼저 서로 배워가는 것이 우선되어야 하고 즐거움을 만들어가는 훈련을 해야 한다. 그러려면 둘만의 소중한 시간들을 잘 만들어서 서로를 이해하고 배려하고 미래를 위해서도 계획을 세우며 부부만의 대화를 많이 나누어야 한다. 서로를 알아가는 과정은 노력과 인내가 없으면 안 되는 것이다. 대화를 잘하는 부부가 행복한 삶을 살 수 있다. 또한 결혼과 동시에 여자는 음식을 만들어야 할 의무가 있다. 남편 역시 아내가 차려준 음식을 먹을 권리가 있는 것이다. 물론 남자들이 생활비를 벌어서 갖다 주어야 하는 것은 당연한 것이다. 불로소득을 바라는 허황된 생각은 버리고 성실하게 땀을 흘려서 일해야 한다. 그 노동의 대가로 식구들을 먹이며 이웃 사랑을 실천하는 것이 되어야 한다.

따라서 여자들은 결혼 전에는 음식을 만드는 법을 잘 배워야 한다. 한평생 남편과 자녀들이 내가 만든 음식을 먹고 산다는 것을 명심하고 귀하게 여기며 잘 준비해야 한다. 우리가 먹는 음식에 따라서 건강이 좌우되기 때문에 먹거리는 참으로 중요하다. 요즘은 외식문화가 안방 깊숙이 파고들고 있기 때문에 손님을 접대하는 것도 많은 돈을 들여서 한다. 그러나 현숙한 아내는 음식을 만드는 실력도 키워가야 하며 식구들의 건강을 책임져야 할 의무도 있다. 시간이 흐르면 요리 실력도 늘어갈 것이다. 부모들에게 음식을 준비해서 갖다 드리는 일도 젊은 아내가 할 일이다. 나이든 부모가 김치며 반찬들을 해서 갖다 주는 것이 아니라 젊은 아내가 솜씨를 발휘해서 맛있는 음식을 해 드려야 한다. 이것이 참 효도의 첩경이 된다.

그리고 때로는 남편들의 친구나 회사 동료들도 초대해서 아름다운 식탁문화도 만들어가야 한다. 결혼을 했다는 것은 다른 사람들의 삶도 행복하게 해주는 것이기에 때로는 자신을 희생해서 이웃들을 기쁘게 하는 것도 그리스도인의 삶의 일부분이라는 것을 알아야 한다. 이렇게 할 때 남편에게 더욱 사랑 받게 되고 대접하는 것이 복이 있다는 것을 결혼생활을 통해서 경험하게 될 것이다. 주는 자가 복이 있다는 말씀도 아내가 되어서 누리는 큰 행복이 아닐 수 없을 것이다.

정신적으로 떠나라

결혼 후에는 부모님과 같은 한 가정이 탄생하는 것이다. 물론 부모님들처럼 성숙해지려면 많은 시간이 필요하겠지만 하나님께서는 똑같은 한 가정으로 보기 때문에 준비를 잘해야 한다. 남녀가 결혼 전에는 부모에게 순종하며 자라왔지만 결혼 후에 아내는 남편의 보호와 사랑을 받으면서 가정을 만들어 가야 한다. 또한 남편은 한 아내를 거느리는 자기 아버지와 동등한 위치에서 자기의 아내와 식구들을 거느리기 시작하는 것이다. 물질적인 것도 완전히 독립하지 않으면 새로운 가정을 이끌어 가는 것이 힘들 때가 많다. 어려울 때마다 부모님들을 의지하게 되면 홀로 서기는 점점 더 어려워 지게 된다. 결혼을 했으면 부족한 대로 자신들의 생활형편에 맞추어 사는 지혜를 배워야 한다.

또한 서로의 허물을 자신의 부모들에게 말하지 않도록 해야 한다. 상대방에게 보이는 허물은 하나님이 우리에게 서로를 위해서 기도하라고 주시는 기회이다. 결혼해서 살다 보면 남편과 아내가 서로의 허물들을 가장 많이 알게 된다. 내가 상대방의 허물을 말하지 않아도 주위사람들은 잘 알고 있다. 굳이 내 입으로 말해서 내 얼굴에 침을 뱉는 행동을 삼가야 한다. 또한 시댁과 처갓댁 식구들에 대한 비판을 삼가야 한다. 그분들을 이해하는 것은 많은 시간을 요구하는 일인데 잘 알지 못하고 함부로 말해서 상처를 주는 경우가 많다. 자라온 환경이 서로 다르기 때문에 인내하며 기다리다 보면 이해할 수 있고 실수가 적어지기 마련이다.

또한 부부의 문제는 함께 해결할 수 있는 능력을 키워가야 한다. 많이 사랑하고 배려하고 용서하고 기도하는 영적인 도구를 최대한 사용해야 한다. 사단은 작은 틈만 보여도 즉각적으로 신호를 보내며 행복을 앗아가는 일들을 즐겨 한다. 부부가 항상 깨어서 기도하지 않으면 지킬 수 없다는 것을 깨달아야 한다. 부부가 마음을 같이해서 헤쳐 나갈 일이 얼마나 많은지 아는가? 일이 있을 때마다 부모에게 상의하기 전에 먼저 남편과 아내가 알아야 한다. 물론 부모님들의 조언을 무시하라는 것이 아니다. 부모가 알기 전에 부부가 주체가 되어 서로 대화를 해야 한다는 것이다. 정신적으로 부모님에게 독립하지 않으면 건강하고 성숙한 가정을 이루어 갈 수 없다. 늘 부부가 같이 의논하고 기도하고 지혜롭게 잘 대처해 가는 훈련이 있어야 한다. 어린아이

수준에서 성인의 수준까지 올라가려면 많은 훈련을 통해서 만들어가야 하는 것이다. 그 누구도 부부의 관계를 방해할 자가 없어야 한다.

남편은 아내를 시부모님들과 형제들로부터 잘 보호해 주어야 한다. 고부간의 갈등이 아내를 힘들게 하지 않도록 부모님들께 지혜롭게 잘 말해야 한다. 아내가 시어머니를 사랑하고 존중해야지만 행복한 삶을 살아갈 수가 있다. 누군가를 미워하는 마음이 계속 자라다 보면 정상적인 부부생활을 영위하는 것이 힘들게 된다. 아내도 남편이 처가식구들로부터 간섭을 받지 않도록 힘써야 한다. 요즘은 장모와 사위관계도 많이 노력하지 않으면 좋은 관계를 유지하기가 어렵다. 사위는 장모님을 내 어머니같이 생각하며 사랑해야 한다. 그들의 수고를 인정해주며 아내를 더욱더 사랑하는 모습을 보여주어야 한다.

영적으로 독립하라

결혼 전에 부모님들이 어떻게 신앙생활을 했던지 간에 결혼 후에는 독립된 가정으로서 영적인 계획을 잘 세워야 한다. 이 일은 자가용을 사고 집을 장만하는 계획보다 더 중요하다. 부모님과 동등한 가정으로 태어났기 때문에 우리의 삶 속에 하나님이 역사하기를 기도해야 한다. 먼저 가정예배를 통해서 주님께 가까이 가는 생활을 해야 한다. 주일 성수를 하여 영적인 공급을 받아야 한다. 십일조와 헌금 생활을 잘해야 한다. 말씀읽기와 기도하는 훈련이 잘 되어야 한다. 성경을 날마다 읽고 서로를 위해서 기도하여 사단이 틈타지 못하도록 해야 한다.

결혼 후에 아기가 태어나려면 1년이라는 기간이 걸린다. 아기를 기다리는 그 기간 동안에 부모가 거룩한 분위기를 만들어가야 한다. 아기가 세상에 태어나서 가장 먼저 하나님을 배울 수 있는 곳이 가정이기 때문이다. 부부가 사용하는 언어도 존칭어가 필요할 것이고 부부가 서로 대의를 잘 지키는 자가 되어야 한다. 아이는 세상을 살아가면서 필요한 모든 지식과 지혜를 부모를 통해서 배워야 하기 때문이다. 아이를 주님께 인도해야 하는 책임이 부모에게 달려있다는 것을 명심해야 한다. 물질을 많이 투자하는 세상교육이 자녀를 살리는 것이 아니다. 영적으로 하나님의 인격과 성품이 들어가야 훌륭한 자녀로 성장할 수 있다.

그리고 교회를 사랑하는 마음을 가져야 한다. 결혼 후에 대부분의 신혼부부들이 직장을 따라서 집을 정하는 경우가 많다. 아니면 여러 도움을 받기 위해 시댁이나 친정근처에 신혼 집을 장만하기도 한다. 물론 날마다 출퇴근을 좀 더 편하게 할 수 있으니 그 마음이야 이해할 수 있다. 하지만 그 모든 것보다 더 중요한 것은 영적인 공급을 받을 수 있는 교회 근처로 집을 장만하는 것이 다. 그래서 교회를 한번이라도 더 참석하고 말씀과 기도의 자리에 나아가 내 영혼을 만족시키는 영적인 욕심을 내어야 한다. 그것이 영적인 가정을 만들 수 있는 최고의 길이다. 성도의 교제는 주님이 기뻐하는 것이다. 주일만 참석하는 자가 아니라 교회의 관심과 사랑을 가지고 돌보며 필요를 채울 수 있는 가정이 되어야 한다. 나 홀로의 신앙생활이 아니라 더불어 살아가는 공동체의 삶에 적응해 가야 한다.

교회로부터 오는 유익을 무시해서는 안 된다. 주님의 피 값으로 사신 교회를 사랑하는 마음을 가져야 한다. 가정이 교회와 멀리 떨어져 있으면 영적인 공급을 잘 받을 수가 없기 때문이다. 그리고 믿는 자들과의 교제가 믿음을 더 풍성하게 만들어 준다. 부부가 힘들 때 다른 사람들의 경건한 삶을 보면서 도전을 받기도 한다. 아내와 남편이 신앙으로 더 성숙해지기 위해서 이런 영적인 투자를 하지 않으면 믿음이 자라기가 어렵다. 세상의 소리에 귀를 기울이기보다 하나님의 말씀에 귀를 기울이는 신실한 부부로서 태어나기를 바란다. 우리들의 노력과 수고가 따라야 한다. 믿음을 가지고 성도의 교제와 교회를 사랑하는 마음을 통해서 더욱더 성숙한 부부가 되어야 한다.

이렇게 부모를 떠난다는 것은 육체와 정신 그리고 영적으로 독립하는 것을 말한다. 주님이 인정하는 가정으로 세움 받기 위해서는 서로의 헌신과 노력이 필요하다. 이상으로 지적한 교훈을 가슴에 새겨 말씀의 순종이 나타나는 거룩한 가정을 만들어가기 원한다. 그것이 우리 가정을 통해서 하나님의 영광이 드러나는 아름다운 부부의 삶을 사는 길이다.

2. 죽음이 갈라놓을 때까지

창조시로부터 저희를 남자와 여자로 만드셨으니 이러므로 사람이 그 부모
를 떠나서 그 둘이 한 몸이 될지니라 이러한즉 이제 둘이 아니요 한 몸이
니 그러므로 하나님이 짝지어 주신 것을 사람이 나누지 못할지니라 하시
더라(막 10:6-9)

결혼은 계약이 아니다.

차를 사거나 집을 구할 때처럼 우리는 살면서 수많은 계약을 한다.
전세를 사는 사람은 2년마다 계약서를 작성한다. 전세금 마련이나 차
를 구입할 때 은행에서 대출을 받았다면 언제까지 갚을 것인가를 서
류상으로 계약 한다. 만약 계약서에 적힌 대로 이행하지 않으면 벌금
을 내기도 하지만 집이나 차를 선택하는 것은 의무가 끝나면 또 다시
재계약이 가능하다. 그러나 결혼은 살던 집을 옮기거나 타던 차를 바
꾸는 일처럼 한번 했으니 또 다시 할 수 있는 것이 아니다. 그런데도
요즘 서구에서는 결혼하기 전에 결혼 계약서를 작성한다고 한다. 여
러 가지 항목을 서로가 의논해서 적어놓고 위반 시에는 당당하게 계
약서를 내밀며 이혼을 요구한다고 한다. 이혼한 후에는 재산분배와
자녀양육도 결혼 전에 계약한 문서대로 처리한다고 한다.

이처럼 결혼은 더 이상 죽기까지 함께하는 영원한 것이 아니고 계

약으로 이루어지는 안타까운 현실이 다가오고 있다. 각자 살아오던 남녀가 결혼해서 함께 산다는 것은 엄청난 노력과 수고가 수반되는 일이다. 처음 하는 결혼인데 어느 누가 실수하지 않고 살 수 있단 말인가? 또한 결혼 전에 아무리 굳게 약속 했다고 해도 그대로 실천하는 부부가 과연 얼마나 될 것인가? 살면서 서로를 더 알아가고 이해하며 감싸주는 일들이 수도 없이 많이 있어야 하는 것이 결혼이다. 한 번 이혼한 사람이 또다시 이혼하는 이유는 문제들 앞에서 쉽게 넘어지기 때문이다. 어려운 문제들이 닥쳐올 때 대처해 갈 수 있는 능력이 있어야 하는데 그렇지가 못한 것이다. 이 능력은 갑자기 생기는 것이 아니라 작은 일에서부터 이해하며 배려해주며 인내하는 생활의 반복을 통해서 습득된다. 결혼생활을 하면 크고 작은 일들이 많이 생기는데 그런 일들을 당면했을 때 스스로 해결하는 힘을 길러내야 한다. 가장 좋은 방법은 부부간의 대화를 통해서 짐을 서로 나누어지는 것이 바람직하다. 그러나 부부의 대화가 힘들다면 낙심하지 말고 멘토의 도움을 구하거나 신앙의 선배들의 도움을 받는 것도 좋은 방법이다.

또한 하나님께 지혜를 구하는 습관을 길러야 한다. 하나님께서 우리의 행복한 결혼생활을 원하시고 계시다는 확신이 필요하다. 그리고 범사에 감사하면서 서로 격려하는 가운데 어려운 일들을 적극적으로 대처할 수 있어야 한다. 너무 소극적으로 대처해서 문제들을 피하다 보면 어느 순간 마음에 쌓인 감정이 폭발하여 무섭게 행복을 앗아간다. 한 순간의 실수로 돌이킬 수 없는 일들이 벌어질 수도 있기 때문에 늘 매사에 신중하게 생각하며 행동해야 한다. 결혼은 책임과 의무가 수반되기 때문에 항상 건전한 생각과 사고를 가지고 임해야 한다. 아내와 남편의 의무를 다하기까지는 넘어가야 할 일들이 너무나 많다. 이렇게 쉽지 않은 결혼생활을 살아보지도 않고 결혼 전에 계약서를 작성하여 그에 따라 결혼 생활의 가부를 결정하는 것이 얼마나 허무맹랑한 일인가? 마치 계약서대로 하면 행복이 보장되기라도 하는 것처럼 착각하고 있는 것 같다. 물론 결혼은 행복하게 살기 위해서 하는 것이지만 그 대가는 말로 표현할 수 없을 만큼 크다는 사실을 알아야 한다.

젊은 청춘 남녀가 결혼 전에 했던 수많은 약속들을 일생 동안 지키며 사는 사람은 거의 없을 것이다. 왜냐하면 우리들의 환경은 수시로 바뀌며 사회도 변화하고 있기 때문이다. 내 마음과 같이 되는 일이 그리 많지가 않다는 현실을 이해해야 한다. 비록 아내와 남편이 결혼 전에 한 약속을 어겼다고 해서 그것이 결혼생활의 위기로 다가와서는 안 될 것이다. 물론 배우자의 외도는 말로 표현할 수 없는 아픔과 고통이다. 이 문제만큼은 철저하게 약속을 지키며 죽을 때까지 흔들림이 없어야 한다. 그러나 그 외에 가정생활을 통해서 일어날 수 있는 일들은 지혜를 발휘하면서 살아갈 힘을 키워가야 한다. 그래서 세월이 흐를수록 부부의 사이는 더 견고해지며 어느 누구도 방해할 수 없는 자리에까지 이르러야 할 것이다.

황혼이혼이 점점 더 늘어가는 추세에 있다. 자식들 때문에 평생 참고 살다가 자녀들이 다 출가하면 그 때 이혼하여 독립된 생활을 하고자 나름대로 여생을 준비하는 세상 사람들이 늘어가고 있다. 물론 구속 받지 않고 편한 여생을 살고 싶겠지만 그리스도인들은 어떠한 일이 있어도 죽을 때까지 함께 살아가야 한다. 이것이 하나님께서 우리에게 요구하시는 것이다. 나이가 들수록 더 성숙한 결혼의 삶을 보여주어야 한다. 자녀들이 부모님의 모습을 보면서 배운다는 것을 생각하면 긴장하지 않을 수 없을 것이다. 우리는 이렇게 행복하게 살고 있지 못하지만 너희만큼은 행복하게 살라고 말할 자격이 없는 것이다. 결혼교육은 어려서부터 부모들의 삶을 통해서 배우는 것이지 몇 주간의 교육을 통해서 배울 수 있는 것이 아니다. 자녀들은 부모들의 태도와 행동에 참으로 민감하게 반응한다. 부모가 이혼하면 자녀들은 곧 삶의 뿌리가 흔들리는 엄청난 충격을 받는다. 더 이상 그들에게는 희망이 보이지 않는 것처럼 자포자기의 생활을 하게 되는 것이다. 서구에서는 이혼한 가정의 자녀들에게 일주일에 아빠와 엄마 사이를 오고 가면서 이중의 생활을 허용하고 있다. 자녀들은 부모의 사랑을 받고 자라야 정상적으로 살아갈 수 있기 때문이다. 비록 부부는 이혼을 했지만 자녀들에게는 피해가 가지 않게 하기 위해서 법적으로 내려지는 절차이다. 하지만 이것이 과연 얼마나 큰 효과를 보겠는가? 건강한 결혼생활은 부부 둘 만의 것이 아니다. 자녀들에게까지 큰 영향을 미치는 것이다. 더 나아가서 교회가 건강해지는 것이고 나라가 견고하게 세워지는 것이다. 결혼은 일정한 시간 동안의 계약이 아니라 영원한 언약이다. 결혼생활을 통해서 하나님을 더 알아가는 것이고 배우자의 단점들을 통해서 내 자신의 눈에 있는 들보를 보는 것이다. 완벽하게 살 수 없기에 더 겸손해지게 만드는 것이 결혼생활이다.

현대 결혼식은 과연 성경적인가?

요즘은 갈수록 결혼식이 호화스러워지고, 길지 않게 끝나는 경우가 많다. 예식장에서는 한 시간 내에 결혼식과 사진촬영을 다 마쳐야 하기 때문에 매우 분주하고 정신이 없다. 최초의 결혼식은 성경에서 시작되었다. 하나님이 주례자가 되셔서 남자인 아담과 여자인 하와를 부부가 되게 해 주셨다. 세상 사람들이 하는 결혼도 원래 이 최초의 결혼식에서부터 유래된 것이다. 신랑 측의 하객들과 신부 측의 하객들이 좌우에 마련된 좌석에 구별하여 앉는다. 이것은 하나님과 아브라함이 언약을 맺을 때 하는 피 언약의 의식을 상징하는 것이다. 짐승을 잡아서 반으로 쪼개어 양쪽으로 나누어 놓고 하나님의 임재를 기다리는 예식을 비유하는 것이다. 신랑신부가 좌우의 하객들 사이를 통과하는 것은 희생재물의 주검 사이를 지남으로 언약관계를 맺는 것이다. 주례하는 목사는 하나님을 대신하는 것이다. 결혼은 하나님과 신랑신부의 피의 언약이다. 죽음이 갈라놓기까지는 헤어질 수 없는 언약의 결혼을 의미하는 것이다. 하나님이 정해준 배우자를 내 의지대로 바꿀 수 없는 것이다.

결혼은 신성한 것이다. 그렇기 때문에 그리스도인들의 결혼문화는 달라야 한다. 무엇보다 하나님과의 언약식이라고 한다면 두렵고 떨리는 마음으로 준비하지 않을 수 없다. 하나님께서 결혼식에 임재하셔서 목사를 통해 신랑신부에게 말씀하시는 것이다. 얼마나 소중하고 귀한 시간인가? 그런데 신랑신부를 비롯한 대부분의 사람들은 목사의 주례사에 관심을 기울이는 것 같지가 않다. 통과의례에 불과한 것처럼 여긴다. 그래서 짧은 주례사를 부탁한다. 하나님의 복을 사모하는 마음을 찾아보기 힘들다. 결혼식은 하나님과 독대하는 귀한 시간이다. 목사를 통해서 하나님의 말씀을 들어야 되는 너무나 귀하고 소중한 시간들이 아닌가? 일평생 기억하고 마음에 새겨야 하는 하나님의 말씀이다. 그래서 세상의 흐름과 방향으로 나가지 않고 하나님 말씀에 순종으로 가정을 세워가야 한다. 세상 사람들이 뭐라고 해도 우리는 초지일관 성경적으로 출발하여 말씀에 기초한 가정생활을 꾸려가야 한다. 또한 결혼날짜도 대부분 토요일에 하는데, 이것도 바뀌었으면 한다. 현대인의 생활 습관상 불가피한 것이 없지 않아 있다. 그러나 토요일은 목사님들이 주일을 준비하는 날로써 교회 전체 성도들을 위한 영의 양식을 풍성하게 준비해야 할 시간을 개인의 가정사 문제에 빼앗기는 아픔을 겪게 된다. 말씀준비에 전념해야 하고 기도하면서 주일을 준비하는 마음의 여유를 가져야 하는데 토요일의 결혼식이 여러모로 에너지 소진을 가져온다. 성도의 결혼식을 마땅히 주례하시며 기쁨으로 섬기시지만 많은 성도들이 주일예배 말씀에 은혜받도록 그 시간에 더 기도하시고 준비하시는 것이 좋다고 생각한다.

토요일 결혼식을 피해야 할 이유는 단지 목사의 편의를 위해서가 아니다. 새 가정을 꾸려 첫 출발하는 신혼부부가 일생 동안 만복의 근원이신 하나님의 복을 받으며 출발하는 기회를 얻는 여러 유익이 있다. 세상 사람들은 주말을 이용해서 결혼식을 하지만 우리 기독교인들은 평일을 이용해서 했으면 한다. 주말은 예식비용도 비싸고 이용하는 사람들이 많아서 정신 없는 결혼식이 될 가능성이 많다. 그러나 주중에 저녁시간을 이용하면 직장 다니는 사람들도 퇴근해서 결혼식을 축하해줄 수 있고 결혼비용도 적게 들어서 한층 여유 있는 예식이 될 것이다. 무엇보다 교회에서 하는 것이 가장 좋은 선택이 되겠지만, 예식장을 이용한다면 주중에 조용하고 은혜롭게 저녁시간을 할애하는 것이 좋을 것이다. 결혼식을 마치고 대부분 신혼여행을 가는데 믿음이 있는 청년들은 가까운 호텔에서 첫날밤을 보내고 피곤한 몸으로 주일예배에 참석하는 경우가 많다. 피로연을 마치고 푹 쉬어야 하는데 주일예배 때문에 제대로 쉬지도 못하는 형편이다. 그리고 주일에 신혼여행을 떠나는 경우가 많은데 이는 신혼의 첫 출발부터 주일을 거룩히 지키지 못하는 죄를 범하는 것이 된다. 부부가 되어서 첫 번째로 보내는 주일인 만큼 더욱 주님을 기쁘시게 해야 될 텐데 그저 세상의 많은 젊은이들처럼 결혼 후에 곧바로 신혼여행을 떠나는 경우가 많다. 주일을 지킨다는 개념이 없는 것이다. 대부분 신혼여행지에는 교회도 없어서 주일예배를 한다는 것은 어려운 실정이다. 먼저 신앙의 부모들이 자녀들에게 철저하게 결혼식을 준비하게 해야 한다. 멋지고 화려한 결혼식을 위해 어떤 이벤트를 마련할 것인지는 중요한 것이 아니다. 새 출발을 하는 첫 걸음에 가정의 주인이시며 만복의 근원이신 주님을 높이는 경건하고 은혜로운 예식이 되기 위해 세심하게 생각하고 준비해야 한다. 그것이 자녀들의 앞날에 큰 복이 될 것이다. 한평생의 결혼생활은 무엇보다도 주님의 도우심과 은혜가 있어야 하기 때문이다. 첫 시간부터라도 마음의 결단과 각오를 가지고 단호하게 주님을 기쁘시게 하는 결혼식을 준비해야 한다.

결혼반지

서양에서는 기혼자와 미혼자 사이의 구분을 손에 결혼반지가 있느냐 없느냐로 쉽게 구별할 수가 있다. 그러나 우리나라에서는 대부분 결혼을 했음에도 불구하고 결혼반지를 손에 끼지 않는 경우가 많다. 결혼을 했으면 당연히 반지를 껴서 배우자가 있는 사람이라는 것을 알려야 한다. 결혼한 사람답게 당당하게 가정을 소중하게 생각하고 지켜나가야 한다. 손에 낀 반지를 보면서 결혼식 때 많은 증인들 앞에서 하나님과 언약한 말씀을 되새기는 기회가 주어지는 경우도 있는 것이다. 이제는 혼자가 아니라 서로에 대한 책임감을 갖고 아내와 남편의 의무를 다해야 하는 것을 늘 생각하며 지내야 한다. 결혼 전에 했던 언어와 행동도 조금씩 변해가야 할 것이고 가정을 소중히 안전하게 지키기 위해서 노력을 기울여야 한다. 결혼 전과 하나도 달라진 것이 없다면 문제의 여지가 많이 생기게 된다. 요즘은 결혼을 하고 자녀가 있음에도 불구하고 겉으로 보면 처녀 총각 같은 사람들이 의외로 많다. 외모 지상주의가 우리 가정에 깊숙이 파고들어서 드러내어 말하지 않으면 기혼자인지 미혼자인지 모르는 경우가 많다. 사단에게 틈을 주지 않기 위해서도 결혼반지는 꼭 끼어야 한다. 나이가 들면 끼고 싶어도 손가락이 점점 굵어지기 때문에 눈으로만 보고 장롱 속에 간직하게 되는 경우가 많다.

반지가 둥그렇게 생긴 것은 결혼의 영원성을 나타내는 것이다. 죽을 때까지 영원토록 함께 살라고 하는 의미가 있는 것이다. 그런데 유럽에서는 한쪽 끝이 벌어진 결혼반지가 나왔다고 한다. 언제든지 결혼생활을 원치 않으면 헤어져도 된다는 상징이라는 것이다. 이런 세속적인 문화가 점점 성도들의 마음을 사로잡고 있고 이혼도 흔한 일이 되어가고 있다. 우리나라도 한 쪽이 열린 결혼반지가 만들어지지 말라는 법도 없는 것이다. 비록 결혼반지의 변형을 둘러싼 것이 큰 문제는 아닐지라도 작은 것을 허용하다 보면 어느새 돌이킬 수 없는 큰 문제가 얼마든지 일어날 수 있다. 결혼의 영원성을 다시금 되새기면서 하나님께서 우리에게 주신 귀한 가정들을 바로 세워나가기 위해서 노력을 기울여야 한다. 사단은 틈만 보이면 가차 없이 우리가정을 파괴하기 위해서 온갖 수단과 방법을 가리지 않기 때문에 아주 사소한 것이라도 소중하게 생각하며 서로를 지켜주어야 한다.

혼수 장만

부모들이 자녀를 낳아서 성장하기까지의 수고는 말로 표현할 수 없는 헌신과 희생적 사랑의 열매이다. 그 수고는 우리 자녀들이 평생 갚을 수 없는 엄청난 것이다. 물론 많은 부모들이 대가를 바라보고 자녀들을 키우는 것은 아니다. 오직 자녀들이 잘되기만을 바라기에 고생을 기쁨으로 감당한다. 그런데 이렇게 장성한 자녀가 되기까지 흘린 수고에 더하여 결혼으로 인한 혼수품 장만은 부모들의 허리를 휘게 하기까지 하는 큰 부담이다. 결혼자금에 대해 발표된 통계를 보면 남자는 1억, 여자는 5천만 원 정도를 필요로 한다고 한다. 남자는 대부분 집을 장만하는데 드는 비용이 대부분일 것이고 여자는 살림살이를 준비하는 비용일 것이다. 그러나 현실적으로 이 많은 비용을 부담 없이 감당하는 당사자들은 거의 없다. 그렇기 때문에 부모에게 의존하는데, 그것을 감당할 수 있는 부모들은 그렇게 많지가 않을 것이다. 결혼은 두 사람이 새 출발을 하는 것이다. 그렇기 때문에 두 사람이 사는 공간은 그렇게 넓지 않아도 된다. 두 사람의 살림살이도 많은 것을 필요로 하지 않는다. 작은 공간에서부터 부담 없이 출발하여 살아가면서 필요한 살림들을 장만하는 것이 옳은 것이다. 살다 보면 살림은 계속 늘어나지 줄지 않는다. 나중에는 너무 많아서 버리는 경우가 많다. 처음부터 다 갖추어놓고 사는 것이 신혼생활이 아니라 가장 기본적인 것을 준비하여 살아가는 것이 되어야 한다. 너무나 많은 부담을 부모님들에게 안기는 불효가 없어야 한다. 대학을 졸업한 후에 부모에게 의지하지 않고 대부분을 스스로 준비하기도 한다. 하지만 이 많은 결혼 비용 마련에 오랜 세월을 필요로 하기 때문에 자연적으로 결혼이 늦어지는 경우가 대부분일 것이다.

　우리 부부가 스코틀랜드에서 유학시절을 보냈을 때 있었던 일이다. 같은 영국교회에 다니는 의사 청년이 결혼을 하였는데 우리 식구를 초대해 주어서 들뜬 마음으로 갔던 기억이 난다. 당연히 나는 의사 부부이기에 아주 넉넉하게 살겠지 라는 기대감을 가지고 있었다. 그 당시에 우리나라에서는 의사 사위를 보려면 3개의 열쇠를 준비해야 한다는 말이 떠돌고 있었다. 신혼 집에 들어가는 문은 큰 저택이었다. 그런데 아주 작은 별채로 우리를 인도했다. 알고 보니 그곳은 옛날 마구간으로 사용되는 공간을 살림집으로 개조하여 만든 허름한 집이었다. 또한 그 안의 살림은 중고가게에서 구입한 것이 대부분이었다. 그들은 부모에게 도움을 받지 않고 둘이 의논해서 최소한의 경비로 집과 살림을 장만하고 살고 있었던 것이다. 그때 아주 신선한 충격을 느꼈다. 최고의 대학을 나와서 의사라는 직업을 소유한 자들의 이런 기독교적인 사고가 참으로 귀하고 존경스럽기까지 하였다. 부부로서 시작되는 행복한 삶은 물질의 많고 적음이 아니라 우리의 마음과 태도가 중요하다. 없는 형편에 대학까지 가르쳐주신 부모님들의 수고와 고생을 생각하는 자식이라면 결혼은 둘이 힘을 합해서 형편에 맞게 아주 검소하게 시작하는 것이 바람직하다. 세상 사람들의 생각과 삶의 방향을 따라가는 것이 아니라 주님을 기쁘시게 하고 부모에게 많은 부담을 주지 않는 범위 안에서 지혜를 발휘하며 살아가야 한다.

신혼 집을 방문해서 예배하는 경우가 종종있었다. 사람들이 움직일 수 잇는 공간보다 물건들이 그 자리를 너무 많이 차지하는 경우를 종종 보아았다. 특히 거실 중앙에 있는 TV를 보면 안타깝다. 그리스도인들은 TV를 혼수로 하지 말기 바란다. 신혼 때에는 둘만 있어도 행복하고 즐거운 시간이다. 무엇보다도 대화하는 시간을 많이 가져야 한다. 신혼 때 대화의 법을 배우지 못하면 평생 말이 없는 부부로 살아가는 경우가 대부분이다. 남편들은 대부분 직장에서 하루 종일 일하고 피곤한 몸으로 집에 들어온다. 무조건 쉬고 싶은 욕망 때문에 가장 편한 자세로 소파에 앉아서 TV시청을 즐긴다. 정작 남편이 즐거워해야 할 아내는 뒷전이 되기가 쉽다. 남편의 친구는 아내이지 TV가 아니다. 남편과 함께 행복한 시간들을 많이 갖기를 원한다면 신혼 때 TV 장만은 한번쯤 생각해 볼 문제다.

또한 신혼 집에 대부분의 살림들이 본인들의 수입으로 장만한 것은 아닐 것이다. 부모들이나 지인들의 도움 없이 이렇게 많은 살림을 어떻게 장만할 수 있단 말인가? 부모님들이 형편에 맞게 준비해주시면 감사하게 생각해야 한다. 물론 형편이 안 되어 넉넉하게 해주지 못한다고 해서 부모님들에게 서운한 생각을 갖지 말아야 할 것이다. 결혼 전에 혼수 때문에 많은 젊은이들이 상처를 받고 마음고생이 많다는 것이 우리들의 현실이다. 사랑하는 젊은이들이여! 작게 시작하고 검소하게 사는 지혜를 배우기를 바란다. 형편에 맞게 살아가는 것이 주님을 기쁘시게 해 드리는 것이고 부모님들의 짐을 덜어 주는 것이 된다. 결혼으로 인해서 한몫 챙기는 것이 아니라 모든 사람들에게 나누어 주는 연습을 하는 것이다. 부모님의 것으로 누리는 것이 아니고 적은 것이라도 내 것으로 다른 사람들을 섬기고 나누어주며 꼭 필요한 것만 가지고 살아가는 훈련을 하자. 지금까지는 부모님이나 다른 사람들에게 대접을 받으며 살아왔지만 결혼으로 인해서 부부가 자기들의 소중한 것들을 가지고 부모님들을 섬기고 다른 사람들을 대접하는 성숙해지는 부부의 삶을 만들어 가야 한다.

신혼여행

일생에 단 한 번 밖에 없는 신혼여행이기 때문에 기도로 많이 준비해야 한다. 여행사마다 신혼여행 패키지 상품들이 쏟아져 나오고 있다. 그러나 그것들은 대부분 즐기고 재미있게 구경하는 여행만을 위한 것들이다. 부부가 되어서 첫 번째 가는 여행은 둘만의 시간을 최대한 많이 가질 수 있는 것이라야 한다. 결혼식 때문에 쌓인 피로를 풀고 마음껏 쉬고 안정을 취하면서 앞으로의 일들을 위해서 계획을 세우는 소중하고 귀한 시간들을 보내야 한다. 여행 후에는 모든 것이 현실로 돌아가는 실생활이 되기 때문에 신혼여행 때 잘 준비되지 못하면 서로의 의견충돌을 이겨내기가 어렵기 때문이다. 신혼여행 시간은 아내들이 식사문제나 청소나 다른 어떤 집안일을 걱정하지 않고 맘껏 쉴 수 있는 유일한 기간이다. 남편들도 직장에 가지 않고 아내를 즐거워하며 쉴 수 있는 좋은 시간들이다. 그래서 마음껏 잠자고 맛있는 것

먹고 서로를 알아가는 대화의 시간들을 가져서 이해하는 폭들을 넓혀 가는 기회로 삼아야 한다. 물론 대부분 신혼여행기간이 일주일도 안 되는 짧은 기간이지만 그래도 신앙의 성숙도를 높이는 삶을 추구하기 위해서 영적인 것에 서로의 마음을 같이하는 시간을 가져야 한다.

같은 교회에서 만나 결혼한 부부가 아닌 이상 남편이나 아내 가운데 한쪽은 배우자가 다니는 교회로 옮겨 가서 신앙생활을 해야 한다. 그렇기 때문에 교회 목사님과 성도들에 대한 좋은 인상을 심어 주어서 신앙생활에 잘 적응할 수 있도록 도와주어야 한다. 각자가 다른 교회에서 신앙생활을 하다가 결혼으로 인해 평생 같은 교회에 다니게 되는 것이기 때문에 상대방에 대한 세심한 배려와 돌봄이 필요하다. 집안 적응과 더불어 교회 적응도 매우 중요하기 때문에 기도로 잘 준비해야 한다. 막연하게 아무 준비가 없으면 적응하는데 지출하지 않아도 될 많은 것들이 소요된다. 교회에 대한 좋은 인상을 가지고 평생을 함께 신앙생활하며 신령한 하나님의 말씀을 들으면서 둘이 함께 믿음을 키워가야 하는 것이다. 믿음의 기초를 든든히 세워가기 위해서는 영적인 것을 잘 준비해서 어떠한 어려움이 닥쳐와도 꿋꿋하게 이겨나가는 힘을 길러야 한다. 그리고 서로가 다른 점이 무엇인지를 잘 파악해서 이해하며 배려하는 일들을 끊임없이 생각하고 행동해야 한다. 이 모든 일의 기초를 신혼여행에서 다져야 한다.

결혼했다고 배우자에게 함부로 행동해서는 절대로 안 된다. 가정

환경과 자라온 배경이 다르기 때문에 서로가 부딪히는 일들이 여행 기간에도 얼마든지 일어날 가능성이 많다. 행복하고 아름다운 추억의 여행이 되어야 하는데 생각하기조차 싫은 여행이 되어서는 안 되는 것이다. 그러기 위해서는 신중하게 말하며 서로에 대해서 알아가며 부부의 대의를 잘 지켜야 한다. 언어가 바뀌어지고 생각도 달라져야 하며 행동의 변화도 있어야 한다. 서로 존칭어를 사용하고 배우자가 무슨 생각을 하는지 알아보며 앞으로 어떻게 행동하면서 살아갈지를 구체적으로 의논하는 시간도 필요하다. 둘이 하나 되는 훈련이 시작되는 신혼여행의 기간을 은혜롭게 잘 사용해야 한다. 남남이 만나서 부부가 되는 은혜를 입은 자들답게 살아가야 한다. 주님의 군사가 되어서 어떠한 유혹이 와도 흔들리지 않는 부부가 되어야 한다. 혼자가 아니라 둘이 하나 되는 것이야말로 강도 높은 수준의 훈련이 요구된다. 이러한 일들이 신혼여행의 기간들을 통해서 습득됨으로 서로를 더 잘 배려해주고 이해해주고 아껴주고 사랑의 헌신을 지속할 수 있는 힘이 생기는 것이다.

이혼은 생각도 하지 말아야 한다.

"이스라엘의 하나님 여호와가 이르노니 나는 이혼하는 것과 학대로 옷을 가리우는 자를 미워하노라 만군의 여호와의 말이니라 그러므로 너희 심령을 삼가 지켜 궤사를 행치 말지니라"(말 2:16).

존 스모크는('이혼 해피엔드'의 저자) 미션월드에서 '이혼은 가정의 붕괴이며 사상자인 남편과 아내는 물론 애도자인 자식들과 장의사인 변호사들도 각자의 배역을 맡아야 하는 번거로운 절차'라고 했다. 이 말은 이혼이 부부 만의 문제가 아니라는 것이다. 이혼문화는 우리의 법과 제도와 영화나 텔레비전프로와 어른들의 소설책과 아이들의 동화책에 이르기까지 우리의 가장 밀접하고도 중요한 인간관계 안에 깊숙이 침투해 들어왔다. 결혼하지 않은 부모 밑에서 자라고 있는 아이들의 수적 증가는 언제 터질지 모르는 시한폭탄과 같은 재앙이라고 한다. 그 예로 동거 생활하는 남자가 그 가정의 자녀를 학대 하는 비율은 결혼을 한 아버지에 비해 30배나 높다고 한다. 또한 결손 가정에서 자라난 자녀들이 결혼한 후 결혼생활에 실패한 자신의 부모와 같은 모습으로 사는 경우가 많다. 우리들의 가정은 점점 붕괴되고 있다. 결혼한 두 쌍의 부부 중 한 쌍은 이혼하고 아이들 세 명 중 한 명은 혼외정사를 통해서 태어나며 아동 학대가 유행병처럼 번지고 있다.

아무리 힘들고 어렵더라도 온 가족이 화목하게 지내고자 애쓴다면 이런 일은 줄어들 것이다. 미국에는 이혼식이 있다고 한다. 결혼식을 반대로 하는 것이라고 한다. 신랑 신부가 뒤로 걸어가서 서로의 예물인 반지를 돌려 준다. 그리고 '지금부터 나의 아내(남편)의 자리에서 놓아드립니다'라고 말하며 많은 사람들이 보는 앞에서 당당하게 이혼식을 선포한다. 그러면서 결혼 피로연의 그것처럼 서로가 축하하며 파티를 한다고 한다. 이것은 결혼을 계약이라고 여긴 것에서 기인한 것이다. 지금은 사랑해서 결혼하지만 언젠가 사랑하지 않게 되면 계약을 파기할 수 있다고 생각하는 세상 사람들이 만들어 낸 결혼관이다. 우리나라도 결혼에 대한 대부분의 인식이 다르지 않은데 이혼식이라고 도입되지 말라는 법이 어디 있겠는가? 요즘 젊은이들은 이혼을 할 때 '쿨하게' 이혼한다고 한다. 어차피 살지 않을 것 싸우지 말고 멋있고 우아하게 헤어지자는 것이다. 조만간 결혼식이 아닌 이혼식에도 참석해야 하는 일들이 생기지 않을까 근심스럽다. 세상은 점점 악해지고 하나님과 상관없이 자기들의 옳은 소견대로 가정을 이루어가는 사람들이 늘어가고 있는 실정이다. 그러나 이혼은 하나님께서 미워하시는 것임을 알고 기독교인들은 이혼이라는 말을 입 밖에도 내지 말아야 한다. 세상 사람들이 어떻게 살아가든지 기독교인들이 가정의 소중함을 다시 한번 깊이 생각하며 세상의 빛과 소금이 되어야 한다.

　이혼을 방지하는 길은 무엇보다 부부싸움을 하지 않는 것이다. 우리 속담에 부부싸움은 칼로 물 베기라는 말이 있다. 그러나 부부싸움은 칼로 마음 베기이다. 부부싸움을 하지 않는 사람이 없겠지만 성경에서는 서로 다투지 말라고 했다. 부부싸움은 도박과 같은 것이다. 이익은 없고 손해만 보는 행동이기 때문이다. 부부가 다툼이 없어야 백년해로 할 수 있다. 이 땅에서 서로의 행복을 위하여 하나님께서 주신 배우자이다. 그런데 마치 원수같이 서로 물고 뜯고 싸운다면 "마귀야 우리 부부 사이에 들어오너라. 우리는 더 이상 하나님의 말씀을 따르고 싶지 않구나."라고 하는 행동이다. 부부는 살아가면서 사랑을 하나씩 쌓아 사랑을 저축해 가는 부부생활을 해야 한다. 간혹 섭섭함이 있고 싸우고 싶어도 그때마다 사랑의 통장에서 사랑을 꺼내 펼쳐보면 더 이상 싸움이 될 수가 없는 것이다. 그래도 꼭 싸워야 한다고 생각되면 먼저 하나님께 기도해야 한다. 하나님께 물으며 싸워야 하는지 참아야 하는지 생각하는 시간을 갖도록 하는 것이다. 혹시 싸우게 되더라도 그때 발생한 꼭 한 가지 사건에 대한 것이어야 한다. 여기에서도 지켜야 할 예의가 있는데 절대로 소리를 지르지 말아야 한다는 것이다. 소리가 커지면 무식한 언어와 행동이 정신 없이 쏟아져 나오기 때문이다. 싸움을 통해서는 절대로 상대방이 바뀌지 않는다. 싸워서 상대방이 변한다면 세상부부들이 다 변해 갔을 것이다. 싸움을 통해서 성령님의 역사를 기대하는 어리석은 사람이 되지 말아야 한다.

부부싸움은 습관이다. 살면서 누구나 장애물이 있다. 그러나 장애물마다 걸려 넘어지고 쓰러져 상처가 나면 그것이 아물 때가지 많은 시간이 걸리게 된다. 시간 낭비하지 말고 서로를 이해하고 사랑하는 힘으로 모든 사람들이 걸려 넘어지는 장애물을 하나씩 넘어가는 지혜를 배워야 한다. 오히려 참고 인내하고 기도하고 사랑하는 방법이 더 효과적이고, 배우자가 훌륭한 인품으로 변할 수 있는 확률이 더 많다는 사실을 명심하자.

구타와 언어폭력은 추방되어야 한다. '술을 즐기지 아니하며 구타하지 아니하며 오직 관용하며 다투지 아니하며 돈을 사랑하지 아니하며'(딤전 3:3). 구타하는 것은 곧 죽음이요 결혼생활의 파멸을 가져오는 것이 된다. 구타는 전염병이다. 남편이 아내를 구타하면 아내가 자녀를, 또 그 자녀가 동생을 구타하고, 더 나아가서 친구들도 구타하는데 까지 영향을 미친다. 결국은 사회적으로도 악영향을 끼치게 된다. 구타하는 남편들의 과거를 보면 대부분 부모에게 학대를 받은 경우가 많다고 한다. 구타는 가정 파괴의 주범이요 부부에게 큰 상처를 주는 행동이다. 가정이 파괴되면 사회는 점점 혼란의 소용돌이에 빠지게 되는 것이다. 세상교육에서는 결혼해서 구타가 발생 했을 때 처음인 그 즉시 이혼하라고 가르친다. 왜냐하면 고칠 수 없는 병이라고 생각하기 때문이다. 그러나 우리 그리스도인들은 하나님의 능력으로 치료가 가능하리라 믿는다. 또한 언어의 폭력도 하지 말아야 한다. 언어폭력은 사람의 외모를 못 생기게 만들고 마음도 심한 병이 나게 만드는 주범이다. 즉 부정적인 결혼생활의 길을 걸어가게 만드는 것이다. 감사하는 마음은 생각조차 하지 못하게 한다. 불평불만을 통해서 자기학대로 번져 가는 나쁜 습관을 지니게 한다.

우리 모두가 이혼은 생각도 하지 말아야 한다. 결혼생활을 통해서 주님께서 주시는 복을 누려야 한다. 또한 주님을 기쁘게 해야 하는 사명을 갖고 있음을 알고 서로가 사랑하며 하늘나라의 시민권자로서의 삶을 살아야 한다. 둘이 하나가 되어서 영원토록 부부의 사랑을 키워가며 주님의 거룩을 향해서 달려가는 부부가 되자.

7장_ 의로운 사랑의 명령

어느 날 심방하기 위해서 집을 찾아 나섰는데 길을 잘 몰라서 더운 날씨에 한참 동안 헤맨 적이 있었다. 길을 잘 알면 고생하지 않고 쉽게 찾을 수 있었을 텐데 나 뿐 아니라 같이 동행한 분들까지도 고생시킨 것이다. 우리의 결혼도 분명히 하나님이 제정해 주시고 아내와 남편에게 보여주신 길이 있다. 그 길을 따라가야 이 세상에서 행복하게 살 수 있을 것이다. 수많은 사람들이 하나님께서 정해 놓으신 이치를 따라가지 않기 때문에 고통과 어려움을 당한다. 남자와 여자를 만드시고 그들에게 복을 주시려고 결혼을 제정해 주셨다. 또한 아내와 남편을 누구보다도 잘 아시기에 그들에게 각자의 역할을 주셨다. 이 역할을 제시하신 하나님의 말씀대로 살아가야 하는 것이다. 그렇지 않고 내 마음대로 혹은 세상 방식대로 살아가면 부부만이 아니라 그와 관련되어 있는 많은 식구들이 어려움을 당하게 된다. 가정의 위기는 국가의 위기요 나라의 기강을 흔드는 요소가 되는 것이다. 또한 가정의 혼란은 교회의 성장을 방해하여 세상의 빛이 되어야 할 교회가 바르게 성장할 기회를 막고 있는 것이다. 따라서 성경을 통해서 주님께서 계시하신 아내의 역할과 남편의 역할이 무엇인지 알아야 한다.

1. 남편에게 주께 하듯

아내들이여 자기 남편에게 복종하기를 주께 하듯 하라 이는 남편이 아내의 머리 됨이 그리스도께서 교회의 머리 됨과 같음이니 그가 친히 몸의 구주시니라 그러나 교회가 그리스도에게 하듯 아내들도 범사에 그 남편에게 복종할지니라(엡 5:22-24)

결혼 전에 여자와 남자들은 자녀로서 부모에게 순종하며 살아왔다. 그러나 결혼 후에 남자인 남편은 아내의 머리가 되며 여자인 아내는 그녀의 머리인 남편에게 순종해야 한다. 순종하되 주님께 하듯 하라고 말씀하셨다. 이 말씀은 여자는 언제나, 하늘나라에 갈 때까지 순종의 자리에 있어야 한다는 것이다. 옛날 우리 조상들은 여자들은 어려서는 부모에게 순종하고 결혼 후에는 남편에게 순종하고 남편이 죽은 다음에는 아들 말을 잘 들어야지 여생이 편하다고 했다. 우리 조상들이 성경을 잘 알아서 이렇게 말한 것은 아닐 것이다. 본래 여자는 약하기 때문에 누군가의 도움을 받지 않으면 안정되게 살 수 없다는 것을 의미하는 것이다. 하나님께서는 육체적으로나 정신적으로나 남자를 강하게 만드시고 여자들은 그보다 약하게 지으셨다는 것을 말하는 것이 아닐까 생각된다.

에덴동산을 아름답게 지으시고 아담에게 이 땅을 정복하고 다스리라는 큰 책임을 주셨다. 그리고 하와는 남편을 돕는 배필로 지으셨다. 그리고 하나님께서는 그들에게 에덴에 있는 모든 과실은 다 먹어도 되지만 선악과는 먹지 말라고 하셨다. 그것을 먹는 날에는 정녕 죽으리라고 하셨다. 아담은 열심히 동산을 가꾸고 부지런히 일을 했을 것이다. 그러나 하와는 남편을 돕지 못하고 그만 사단의 꾀임에 빠져 선악과를 따먹은 것이다. 하와는 선악과를 먹기 전에 사랑하는 남편에게 의논을 했어야 했다. 그러나 하와는 하나님과 같이 된다는 사단의 말에 유혹을 받아 단숨에 먹어버렸다. 그리고 남편에게도 먹게 하였다. 이렇게 하여 그들은 온 인류에게 미치는 큰 죄를 지고 만 것이다. 이것이 얼마나 끔찍한 죄인가는 그 결과가 증명한다. 온 인류를 죄악의 웅덩이로 빠뜨린 것이다. 그 불순종의 결과로 여자는 아기를 낳되 큰 고통을 겪게 되었다. 그러나 그것보다 더 큰 일은 예수 그리스도가 우리 인류의 죄를 짊어지고 십자가에 못 박히게 되는 엄청난 과오를 우리 여자가 저지르게 된 것이다. 물론 아담도 이 일에 동참하여 선악과를 먹었지만 먼저 죄를 지은 것은 우리 여자에게 있는 것이다. 이것은 매우 의미심장한 것이다. 인류의 모든 일들은 남자들이 지배하고 있지만 그들 옆에 가까이 있는 것은 아내다. 아내가 바르게 돕지 못하면 결국은 남편을 힘들고 어렵게 만들 것이다. 그러면 나라가 어수선하고 세계가 혼란스럽게 된다는 사실을 여성들이 알도록 시사하는 것이다. 이를 통해 아내들의 순종의 자리가 얼마나 귀하고 위대한지를 알아야 한다.

아내들이 기억할 것은 하나님께서 가정의 질서를 세워주셨다는 사실이다. 아내의 머리는 남편이요 남편의 머리는 그리스도이다. 가정에서 이 질서가 무너지면 하나님께서 원하시는 가정이 될 수 없다. 아내와 남편의 관계를 교회와 그리스도의 관계로 비유하셨다. 교회는 그리스도의 몸이요 그리스도는 교회의 머리이다. 몸이 머리가 지시하는 대로 따르지 않으면 곧 죽음의 길을 자처하는 것이다. 몸이 자기가 하고 싶고 마음 내키는 대로 한다면 그 몸은 온전한 몸의 역할을 할 수 없다. 머리가 지시를 내려야지만 몸이 움직일 수 있는 것이다. 아내와 남편의 관계를 왜 이렇게 비유하셨을까?

교회가 주님이 없이는 존재하지 않듯이 아내와 남편은 뗄래야 뗄 수 없는 사이라는 것이다. 하나님이 하나 되게 하신 부부는 죽음이 갈라놓기까지는 결코 떨어질 수 없는 몸이라는 것이다. 어떠한 어려움과 환난과 고통이 있을지라도 아내와 남편은 한 몸이다. 그러면 이렇게 한 몸으로 살려면 어떻게 해야 하는가? 하나님께서 '아내는 남편에게 복종하라'는 명령어로 성경에 말씀하셨다. 그리고 그 복종은 주님께 하듯이 하라고 했다. 여성의 인권이 눈부시게 신장된 21세기를 살아가는 시대에 이 말씀이 합당하다고 생각하는가? 우리교회는 청년들이 목사님께 결혼식 주례를 받기를 원하면 우리 집에 와서 의무적으로 목사님께 2번의 교육을 받아야 한다. 교육을 시킬 때마다 거의 모든 청년들이 다른 것은 할 수 있어도 복종은 어려울 것 같다는 말을 한결같이 한다. 그러나 아내가 남편에게 복종할 마음의 준비가 없으면 결단코 결혼해서는 안 된다. 남편을 향한 순종의 준비가 되어있어야 결혼을 할 수 있는 것이다.

순종은 나 자신을 부인하는 것이기 때문에 결혼 전부터 부단히 마음의 준비를 하지 않으면 안 된다. 결혼 후에 살면서 선택할 수 있는 것이 아니다. 결혼은 꿈이고 결혼생활은 현실이다. 결혼 전과 결혼 후의 남편의 마음은 많이 다르다는 것을 아내들이 알아야 한다. 결혼 전에 남자는 아내를 얻기 위해서 시간과 물질을 아낌없이 투자하고 공을 들여 결혼을 하지만 결혼 후에는 판세가 역전하는 경우가 대부분이다. 결혼 전처럼 아내에게 공을 들이다가는 남편이 제대로 사회에서 성공하는 것이 불가능하다. 아내에게 많은 도움을 받아야 하기에 아내의 순종이 없으면 사회에서도 제대로 인정을 받기가 어려워진다. 물론 남편의 아내 사랑은 변함이 없어야 한다. 그러나 연애 시절과 같은 에로스적인 사랑은 기대하기가 어렵다는 것을 빨리 깨닫는 것이 낫다. 따라서 아내는 연애시절과 같이 많은 시간과 물질을 투자해 주지 않는 남편일지라도 남편에게 순종하는 것을 배워야 한다.

결혼을 해서 아내가 아내다워지는 것이 진정 아름다운 여성이 되는 것이다. 누가 현숙한 여인인가? 잠언 31장에 여호와를 경외하는 여인이 현숙한 여인이라고 했다. 부모도 다르고 환경도 다르고 성격도 다른 남자와 여자가 만나서 산다는 것이 쉬운 일이 아니다. 절대적으로 말씀에 순종하지 않으면 어긋난 길로 갈 수밖에 없는 것이 우리들의 연약한 인생살이다.

아내는 남편에게 순종함으로 성숙해지는 것이다. 군대에서 사병들이 장교들에게 순종하지 않으면 군인다운 면모를 갖출 수가 없을 것이다. 상관이 완벽해서가 아니라 군대의 기강과 질서를 바로잡기 위해서일 것이다. 하나님께서도 아내들의 순종을 요구하면서 나아가 그 남편을 주님같이 여기라고 하시는 것은 가정의 질서를 세우시기 위함이다. 이 말은 남편의 권위를 인정해 주라는 것이다. 물론 아내들의 눈으로 남편을 본다면 부족한 것 투성이일 것이다. 얼마나 불안정한지, 허점투성인지 살아보면 점점 이상과 실상의 간격이 커지게 된다. 결혼 전에 좋아 보였던 것들이 결혼 후에는 오히려 큰 불평거리가 되어서 삶의 혼란을 기도 한다. 그것을 해결하지 못해 불행을 자초하는 가정이 수도 없이 많다는 것을 알아야 한다. 무게 있어 보이고 남자답게 보였던 과묵함이 결혼 후에는 그 때문에 답답해서 못 살겠다는 부부가 어디 한 둘 인가? 그렇기 때문에 주님께서는 가정의 질서를 세워주신 것이다.

신혼시절부터 남편에게 복종하는 것이 힘들다면 앞으로의 결혼생활이 행복할 수가 없다. 남편에게 순종하는 것이 곧 하나님께 순종한다는 것임을 믿고 따르면 그 가정은 하나님의 질서 위에 든든히 세워져 갈 것이다. 기초가 튼튼해야 집이 무너지지 않는 법이다. 맨 처음부터 부부가 말씀 위에 가정의 기초를 세워가지 않으면 시시때때로 다가올 혼란을 어떻게 막을 수 있단 말인가? 행복은 저절로 이루어지는 것이 아니다. 결혼하면 남편이 행복하게 해 줄 것이라는 착각은 하지 말아야 한다. 행복은 주님께로부터 오는 것이다. 우리가 하나님의 말씀에 철저하게 순종하지 않으면 행복은 결코 나를 기다려 주지 않는다. 세상 사람들이 말하는 결혼에 얽매이지 말고 하나님의 말씀에 순종하는 아내가 되자. 우리민족의 최대 학자이자 사상가인 다산 정약용 선생의 글에 의하면 부부 사이에도 서로 공경하기를 손님 대접하듯 하라고 하였다. 세상 사람들도 부부간에 대의를 지키지 않으면 혼란스러운 가정이 될 수밖에 없다는 사실을 알고 있다. 그래서 손님처럼 예의를 지키라고 했다면 하나님의 명령을 받은 기독교인들은 더욱 더 남편과 아내를 귀중히 여겨야 할 것이다.

남편의 장점을 발견하고 칭찬하며 세워주도록 하자.

모든 것이 좋아 보이는 결혼 전에는 단점도 장점으로 보이게 된다.

그러나 결혼 후에는 점점 장점도 단점으로 보이는 것이 우리 인간들의 못된 습성이다. 남편의 단점은 아내가 도와주어야 할 과제이며 기도제목이다. 내가 완벽하지 않은 이상 우리는 완벽한 남편을 맞이할 수 없다. 결혼 전에는 두 눈을 똑바로 뜨고 보고 결혼 후에는 한 쪽 눈만 뜨고 살라는 서양속담이 있다. 이것은 무엇을 말하는 것인가? 같이 살면 남편의 단점이 너무나 잘 보인다는 것이다. 그런데 남편에게 복종하는 것이 쉽겠는가? 더 나아가서 남편 때문에 내가 고생을 한다고 생각하면 복종은 어려운 것이 되는 것이다. 그러나 중요한 것은 하나님께서 그를 남편으로 세워주셨다는 사실이다. 아내는 수많은 남자들 중에서 이 사람을 자신의 유일한 남편으로 삼게 하시고 사랑해 주시며 남편으로서 권위를 세워주셨다는 사실을 믿어야 한다. 남편이 하나님께 합당하게 쓰임을 받기 위해서는 아내의 경외심과 복종이 수반되어야 하는 것이다. 남편을 향한 칭찬과 격려를 아끼지 말고 사용해야 할 것이며 세워주는 일들을 해야 한다. 사회에 나가서 남편들은 그다지 대접받지 못한다. 치열한 경쟁사회에서 살아남기 위해 온갖 스트레스를 받으며 참고 견뎌야 한다. 피곤한 몸을 이끌고 집에 들어오는 그들에게 아내들이 최대의 관심과 경외심을 가지고 세워주어야 한다. 그렇지 않다면 우리 남편들의 설 자리는 어디에도 없다는 사실을 이해해야 한다.

아내들의 복종은 영적인 것이다. 에베소서 5장 24절에 기록된 "복종하다"는 군사용어인 휘포탓소라는 말에서 나온 것이다. 군대 안에서는 상관들에게 절대적으로 복종할 의무가 있는 것이다. 이 용어는 자기의 모든 권리를 버리는 무조건적인 순종을 의미한다. 복종은 선택이 아니라 필수이다. 남편에게 복종하는 것을 거절하는 것은 하나님에게 반항한다는 것을 의미하기도 한다. 무조건적인 복종이어야 한다. 예수님이 죽기까지 하나님 아버지께 복종하신 것처럼 우리에게도 그런 순종을 원하시고 계신 것이다. 남편을 존경하지 않으면 자기 자신이 제일 불행하다. 성경에 "너희가 나를 사랑하면 나의 계명을 지킬 것이다"(요 14:15)라고 하였다. 아내들이 하나님을 사랑한다면 철저하게 자신을 낮추어서 남편이 하는 일에 순종하며 돕는 자가 되어야 한다. 하나님의 명령이기 때문에 하는 것이다. 따라서 남편에게 복종하는 것이 하나님께 복종하는 것이다. 죄를 지으라고 강요하는 것이 아닌 이상 사랑으로 복종해야 한다. 주님께 하듯 하라고 하셨다.

우리가 주님께 복종하지 못할 무슨 이유가 있겠는가? 이것은 믿음이 있는 자라야 할 수 있다. 믿음이 없는 자에게는 불가능한 것이다. 아내가 늘 믿음으로 순종의 자리를 지켜간다면 노부부가 되어갈수록 대우 받는 남편을 볼 때 그 곁을 지킨 아내의 모습이 더 아름답게 보일 것이다. 고린도전서 7장 14절에 믿지 아니하는 남편이 아내로 하여금 거룩하게 된다고 했다. 베드로전서 3장 1절에도 "아내 된 자들이 이와 같이 자기 남편에게 순복하라 이는 혹 도를 순종치 않는 자라도 말로 말미암지 않고 그 아내의 행위로 말미암아 구원을 얻게 하려 함이니"라고 하였다. 예수 믿는 아내는 삶의 전환이 반드시 있어야 한다. 그래야 남편이 구원을 받을 수 있다. 아내의 행위에 남편의 구원의 문제가 달려 있다는 것이다. 어느 집사님의 간증에서 아내가 예수를 믿겠다고 하니 남편은 맨 처음 의아하게 생각하였다고 한다. 그러면서도 몇 년 동안 아내의 행동을 일일이 지켜본 것이다. 아내가 변화하기 시작했고 예전의 아내가 아닌 새사람의 모습을 남편이 본 것이다. 그래서 결국은 그 남편도 예수를 믿었다는 간증을 들은 기억이 난다. 아내들이 하나님께서 주신 복종의 위치를 잘 지키면 믿지 않는 남편이 하나님께로 돌아올 수 있다는 사실은 큰 위로가 될 것이다. 아내는 남편에게 복종하지 않으면 성령 충만한 길을 갈 수가 없다. 아내가 남편에게 순종하는 모습을 통해서 자녀들에게 아버지의 권위가 세워지게 된다. 순종은 어렸을 때부터 훈련되어야 하는 중요한 덕목이다. 자녀들이 부모에게 순종해야지만 하나님께도 순종할 수 있게 되기 때문이다. 어머니가 아버지를 무시하면 자녀들도 무의식 중에 불순종의 마음이 깊이 자리 잡게 된다. 나중에는 불신의 태도와 행동으로 인해 하나님으로부터 멀어지는 위험한 사태가 일어나게 되는 것이다. 그만큼 아내의 순종의 위치는 매우 고귀한 것이다. 내 힘으로 할수 없기에 날마다 겸손하게 기도하면서 주님의 도움을 받아야 한다.

2. 아내 사랑하기를 제 몸 같이

남편들아 아내 사랑하기를 그리스도께서 교회를 사랑하시고 위하여 자신을 주심같이 하라 이는 곧 물로 씻어 말씀으로 깨끗하게 하사 거룩하게 하시고 자기 앞에 영광스러운 교회로 세우사 티나 주름 잡힌 것이나 이런 것들이 없이 거룩하고 흠이 없게 하려 하심이니라 이와 같이 남편들도 자기 아내 사랑하기를 제 몸 같이 할지니 자기 아내를 사랑하는 자는 자기를 사랑하는 것이라 누구든지 언제든지 제 육체를 미워하지 않고 오직 양육하여 보호하기를 그리스도께서 교회를 보양함과 같이 하나니 우리는 그 몸의 지체임이니라 이러므로 사람이 부모를 떠나 그 아내와 합하여 그 둘이 한 육체가 될지니 이 비밀이 크도다 내가 그리스도와 교회에 대하여 말하노라 그러나 너희도 각각 자기의 아내 사랑하기를 자기같이 하고 아내도 그 남편을 경외하라(엡 5:25-33)

아내의 머리는 남편이고 남편의 머리는 그리스도이시다. 그리고 그리스도의 머리는 하나님이시다. 이것은 성경이 말하는 가정에 대한 기본원리로서 남편이 반드시 기억해야 한다. 가정은 하나님께서 만들어 주셨고 그 가정을 이끌어 나가는 지도자의 역할은 남편에게 주셨다. 그러므로 내 마음대로 가정을 이끌어 가는 것이 아니다. 늘 하나님께 기도하고 그분의 뜻이 우리 가정을 통해서 이루어지는지에 대해 영적으로 민감해야 한다. 그리고 무엇보다 지도자는 먼저 본이 되어야 한다. 대통령은 권력을 이용해서 국민을 괴롭히는 자가 아니라 국민을 잘 섬기는 자라야 한다. 각 기관의 회장들은 회원들을 잘 섬겨야 할 것이다. 그렇게 하려면 위에서부터 내려오는 하나님의 능력을 받지 않고는 내 스스로 할 수 있는 것이 아무것도 없다.

남편들은 공 예배에 잘 참석하여 하나님의 말씀을 듣고 배워야 할 것이며 성경을 읽으며 기도에 전념하여 늘 깨어있어야 한다. 그렇게 하지 않으면 아내들은 영적으로 지치게 될 것이며 아버지의 관심과 사랑을 받지 못한 자녀들은 점점 세상 속에 파묻혀 헤어 나오기 어려워지게 된다. 그러나 세상은 그 막중한 임무를 띤 남편들을 너무나 정신없게 만들고 있다. 돈이라는 우상이 아주 고상하게 하나님의 자리에 앉아서 남편들을 지배하고 있다. 돈이 그리스도가 계셔야 할 남편의 머리를 지배하고 있다는 것이다. 그래서 돈이 되는 것은 물불을 가리지 않고 한다. 돈을 사랑함은 일만 악의 뿌리라고 성경은 가르쳐 주고 있다. 그럼에도 하나님보다 돈을 더 사랑하는 사람이 너무나 많다. 권력과 명예를 좋아한다. 그것을 얻기 위해 자신의 젊음을 불태워 바치고 그것도 모자라서 아내와 자식도 이런 일들을 하도록 권장하고 있는 남편들이 우리주위에 많은 것이 사실이다.

이것은 영적 죽음이다. 남편과 아내와 자녀들까지도 처참하게 영적으로 죽어가고 있는 것이다. 육신의 생각은 하나님과 원수가 되나니 이는 하나님의 법에 굴복치 아니할 뿐 아니라 할 수도 없음이라 육신에 있는 자들은 하나님을 기쁘시게 할 수 없느니라(롬 8:7-8). 남편들은 생명을 살리는 일에 우선을 두어야 한다. 육신의 생각은 결코 하나님을 기쁘시게 할 수 없다. 그래서 가정이나 사회에서 생명과 관계되는 일들이 행해져야 하나님께서 기뻐하시는 것이다. 비록 작은 구멍가게를 운영할 지라도 그곳에 찾아오는 사람들에게 친절과 사랑을 베풀어야 한다. 물건을 팔면서 그리스도를 증거 한다면 그것은 너무나 훌륭한 주님의 일들을 감당하게 되는 것이다. 주님께서는 남편들이 이 땅에 살면서 얼마나 좋은 직장을 다녔는지, 돈은 얼마나 벌었는지 하는 것들을 가지고 판단하지 않으신다.

하나님은 성경을 통해 남편은 아내 사랑하기를 제 몸같이 하라고 말씀하셨다. 아내는 자신의 일부이다. 이것을 본능적으로 느끼지는 못하고 산다해도 남편은 아내와 둘이 아니라 하나임을 명심해야 한다. 자신만을 위해서 사는 것이 아니다. 그리스도가 교회를 위해서 희생하신 것처럼 아내를 위해서 자신을 희생할 수 있어야 한다. 그런데 남자들은 정작 희생해야 할 아내는 뒤로 하고 나라나 직장을 위해서 희생을 잘하는 것 같다. 그러니 가장 연약한 아내를 위해서 희생하는 것이 쉽지는 않을 것이다. 남자들은 원래 복종을 잘한다. 반면에 여자들은 복종을 잘하지 못하는 편이다. 만약 군대에 여자들이 많으면 전쟁이 일어날 때 자녀와 부모 생각 때문에 나라를 위해 목숨을 바치는 일이 어려울 것이다. 그러나 남자들은 목숨을 아끼지 않고 나라에 충성을 다할 것이다. 이것이 남자와 여자가 다른 점이다. 그리고 남자들은 본질적으로 사랑으로 섬기기 보다는 대접을 받으면서 살아왔다. 결혼 전에는 대부분 부모들의 헌신과 사랑을 받는 편이고 결혼 후에는 아내의 보살핌과 사랑을 받으면서 지내는 것에 익숙하다. 왜 하나님께서 남편들에게 아내들을 자기 몸같이 사랑하라고 하셨겠는가? 사랑을 받는 것에 익숙하기 때문에 아내를 제 몸과 같이 사랑하고 섬기는 것을 통해서 훈련을 받는 것이다.

　남편들은 이기심이 아주 많은 것 같다. 자기 자신의 건강과 성공을 위해서는 무슨 일이든 한다. 그래서 몸에 좋다고 하면 먹지 말아야 하는 음식조차도 서슴없이 먹는 것을 종종 볼 수 있다. 그러나 결혼을 하면 자기만 위하는 것을 버리고 철저하게 자신을 말씀에 복종시키지 않으면 생명을 얻을 수가 없다는 사실을 명심해야 한다. 아내를 자기 몸이자 자신의 일부로서 사랑하지 않으면 남편들도 죄를 짓는 것이다. 하와가 아담의 갈비뼈에서 취하여 지어진 아담의 일부인 것처럼 아내는 남편에게 속한 것이다. 우리가 자신의 몸에서 어느 한 부분을 분리시킬 수 없는 것처럼 남편도 한 몸인 아내를 떼어낼 수 없다는 것이다. 에베소서 5장 29절에 아내를 양육하여 보호해야 한다고 하셨다. 아내를 무시하거나 모욕을 주어서는 안 된다. 많은 남편들이 직장 때문에 늦게 퇴근하여 아내들을 외롭게 만드는 경우가 많다. 또한 친구들과 즐기느라 아내를 소외감 느끼게 하거나 긴긴밤을 혼자서 지새우게 만든다. 그러나. 남편과 아내는 모든 일을 함께 해야 한다. 어디든 아내가 같이 가도 되는지 알아보고 될 수 있으면 많은 시간을 아내와 함께 보내야 할 것이다. 가정은 남자가 잠자러 들어오는 하숙집이 아니다. 가정은 그 안에 서로를 위한 적극적인 삶이 있어야 하고 많은 대화가 있는 보금자리가 되어야 한다. 남편들은 자신이 어떻게 바르게 처신해야 할지 늘 하나님께 지혜를 구해야 한다.

아내를 즐겁게 하는 것이 무엇인지를 늘 생각하고 있어야 한다.

대화는 부부관계에서 정말 귀하고 소중한 것이다. 남자는 하루에 15,000 단어를, 여자는 25,000 단어를 말해야 한다고 한다. 남편들은 직장에서 15,000 단어를 거의 다 쓰고 오기 때문에 대부분 집에 들어오면 말하기를 싫어한다. 그러나 집에 있는 아내들은 누구를 만나지 않는 이상 할 말이 많이 남아 있는 상태에서 남편을 맞이하게 되는 경우가 많다. 그러니 남편들은 홀로 시간을 보낸 아내의 말을 잘 들어 주어야 한다. 그리고 남편의 사업과 문제들을 아내에게 말하며 함께 나눠야 한다. 그녀는 남편 몸의 일부분이기 때문이다. 아내로 하여금 남편의 삶 전체로 들어오도록 해야 한다. 아내의 발전과 남편을 위해서 그렇게 해야 한다. 이렇게 하므로 결혼생활이 성장하고 발전하는 것이다.

남편 된 자들아 이와 같이 지식을 따라 너희 아내와 동거하고 저는 더 연약한 그릇이요 또 생명의 은혜를 유업으로 함께 받을 자로 알아 귀히 여기라 이는 너희 기도가 막히지 아니하게 하려 함이라(벧전 3:7). 해부학, 생리학, 육체적, 정신적으로 남자를 더 강하게 만드셨다. 여자는 남자와 달리 더 연약하게 만들어 진 것이다. 그릇으로 표현하면 더 깨지기 쉽다는 것이다. 부부싸움을 하면 남편들은 시간이 흐르면서 잊어버리는 경우가 많다. 그러나 아내들은 마음 속 깊이 담아두는 습성이 있어서 잊지 않고 기억하여 두고두고 말하며 괴로워한다. 그래서 언제나 한결같은 마음으로 아내에게 애정 어린 관심을 보이고 귀중히 여겨야 한다. 어미 새가 새끼를 따뜻하게 보호해 주려고 감싸주는 것처럼 남편은 자기 몸을 사랑하듯이 아내를 보살피고 사랑해 주어야 한다. 아내의 순복과 상관없이 무조건적인 사랑을 아내에게 베풀어 주어야 한다. 아내를 사랑하면 하나님을 알고 하나님의 사랑을 체험하게 될 것이다. 아내가 순종해야 사랑한다는 조건이 붙는다면 그것은 성경적인 원리가 아니다. 우리는 연약할 때에, 죄인 되었을 때에, 원수 되었을 때에, 하나님의 크신 사랑을 입은 자들이다.

아내의 반응에 상관없이 그리스도가 교회를 사랑하듯이 한없는 사랑을 보여주어야 한다. 지식을 따라 아내와 동거한다는 것은 하나님의 말씀을 올바르게 이해한다는 것이다. 생명의 유업을 똑같이 누리는 자라는 것이다. 귀히 여기라는 말은 경의를 표하라, 아내의 가치를 인정해 주라는 것이다. 예를 들어서 우리들의 귀한 딸이 결혼했는데 사위가 딸을 괴롭히고 학대하면 아버지의 마음이 얼마나 아프겠는가? 당장 사위를 불러내서 귀하고 귀한 자신의 딸에게 함부로 하지 말라고 야단을 치지 않겠는가? 하나님도 마찬가지이다. 우리들의 아내는 하나님의 귀한 딸들이다. 귀하게 여겨야 한다. 그러면 기도가 막히지 아니하는 복을 누릴 것이다.

남편들아 아내를 사랑하며 괴롭게 하지 말라(골 3:19). 아직도 많은 남편들이 아내를 괴롭게 하며 마음에 심한 상처를 주는 말을 서슴

없이 한다. 미국에서는 사랑한다는 말을 하루에 세 번 이상 안 한 것도 이혼사유 가운데 하나로 포함된다고 한다. 부부가 많이 해야 되는 언어 중 하나인 사랑한다는 고백을 날마다 해야 한다. 아내들은 사랑한다는 말을 듣기 원하고 있고 또 반드시 들려주어야 한다. 우리나라는 남자들이 사랑의 고백을 안 하는 문화다. 유교사상이 강해 남성위주의 문화 속에서 살아왔던 부모님 세대를 보고 자란 남편들이 쑥스러워서 사랑을 고백하지 못하는 경우가 많다. 그러나 성경을 읽으면 우리를 향한 하나님의 사랑 고백이 엄청나게 많다는 것을 알 수 있다. 결혼 전에는 사랑한다는 편지를 수도 없이 보낸 남편이 결혼 후에는 애정 어린 편지하나 없이 산다면 그 아내의 삶은 얼마나 비참한가? 사랑한다는 말은 고백과 더불어 반드시 사랑의 행동으로 옮겨야 한다. 설거지나 자녀들과 함께 놀아주는 것을 도와주어야 한다. 하루 종일 일하고 들어왔기 때문에 집에 오면 편히 쉬고 싶을 테지만 하나님은 남편에게 아내보다 더 많은 힘을 부여해주셨다. 아내는 깨지기 쉬운 연약한 그릇이고 괴롭힘을 당하면 삶의 의욕을 잃어가게 된다. 젊어서 아내를 너무 많이 고생 시키면 나중에 남편이 할아버지가 되었을 때 잘 돌봐 줄 수 없을 것이다. 건강한 할머니가 되어야 할아버지 밥도 해주고 산책도 같이 가고 행복한 삶을 영위할 수 있기 때문에 젊어서 많이 아끼고 보호해줘야 한다. 또 가정의 대소사를 같이 생각하고 관심을 가지고 도와주어야 한다. 또한 아내 혼자 하루 종일 자녀들과 함께 생활한다는 것은 힘든 일이다. 그러니 힘닿는 데까지 사랑하는 마음으로 도와주어야 한다.

남편은 늘 아내의 건강에 대한 관심을 보여주어야 한다. 아내의 생일과 결혼기념일도 기억해서 축하해주며 정성이 담긴 선물을 주는 것도 잊어서는 안 된다. 아내에 대한 칭찬과 감사의 표현을 자주해야 한다. 작은 일에도 칭찬을 해주면 기쁘게 모든 일을 잘 감당하는 힘이 솟아나오게 된다. 가장 중요한 것은 무엇보다 아내의 영적 성숙을 위해서 날마다 기도하는 일이다. 세상은 아내와 딸들을 성적인 도구로 사용하고자 돈으로 매수하고 결국 가정을 파탄에 이르게 한다. 그리스도 앞에 아내들이 티나 주름 잡힌 것 없이 거룩하고 흠 없는 모습으로 세워가도록 힘써야 한다. 아내를 얻은 자가 복이 있다는 말씀을 믿음으로 받고 그 아내가 주님 앞에서 천국백성으로 살아가는 모습을 지켜보며 만족해야 한다. 아내의 눈에 눈물이 흐르는 아픔과 고통을 주어 그 딸을 바라보는 하나님 아버지의 마음을 서글프게 해서는 복을 누릴 수가 없을 것이다. 아내를 아껴주고 사랑하라. 존중해주고 이해해주며 영적 성장에 관심을 가지라. 그러면 자녀들이 어머니와 아버지를 사랑하며 하나님께 한걸음씩 나아갈 것이다. 세상의 문화와 관습이 우리가정을 지배하지 않도록 늘 깨어서 지켜야 한다.

악한 마귀는 우는 사자와 같이 우리들을 삼키려고 이 세상의 달콤한 것을 이용한다. 또한 우리가정이 하나님과 상관없이 살아가기를 원하고 있다. 세상은 우리가 이해할 수 없는 수준으로 변해가고 있다. 자녀들의 학교 안에는 세상을 비관하고 부모를 원망하며 살아가고 있는 이혼한 가정의 자녀들이 수없이 존재한다. 동성연애자들이 우리자녀들의 선생이 되어서 가치관을 혼동시키고 있다. 더 이상 안일하게 무방비상태로 지낼 수만은 없다. 깨어서 기도하고 가정 안에 경건치 못한 것들을 과감하게 치워야 한다. 우리들의 가정이 세상의 밥이 되지 못하도록 경건의 훈련을 해야 한다.

결혼은 상대방을 변화시키는 것이 아니라 내가 변하는 것이다. 하나님의 말씀으로 상대방을 통해서 모난 점을 깎아 내는 것이다. 그래서 힘들고 현실에 맞지 않아도 어제나 오늘이나 영원토록 변하지 않는 진리의 말씀을 따르는 결혼생활이 되어야 한다. 아내가 남편에게 주님께 하듯 복종하는 자리에 있으면 자녀들도 어머니의 경건의 모습을 통해서 하나님께 복종하는 것을 배우게 된다. 또한 남편이 아내를 자기 몸같이 사랑하면 그런 아버지의 삶을 통해서 자녀들은 하나님을 사랑하며 다른 사람들을 사랑하는 자녀로 자랄 것이다. 남편과 아내에게 주신 고귀한 자리를 이탈하지 말아야 한다. 주님께 우리들의 연약함을 아뢰며 늘 말씀에 순종하는 아내와 남편이 되어야 한다. 그렇게 될 때 우리들의 가정의 삶을 통해서 많은 가정들이 그리스도에게 인도 받게 될 것이다.

결혼은 거룩을 향해서 가는 것이며 우리들의 가정생활을 통해서 예수님의 거룩이 나타나야 한다. 그리스도인과 그 가정은 세상의 빛이 되어야 한다. 믿지 않는 사람들이 그리스도인들의 가정생활을 보고 예수님을 알 수 있어야 한다. 그렇게 하기 위해서는 가정의 질서를 잘 세워가야 한다. 먼저 하나님 앞에서 결혼이 어느 누구도 파괴할 수 없는 하나님과의 언약관계임을 분명히 인식하고 늘 깨어 기도해야 한다. 그리고 아내와 남편은 각자의 주어진 역할을 잘하기 위해서 성령 충만한 삶을 추구해야 한다. 아내는 복종의 일인자가 되어야 할 것이고 남편은 사랑을 통해서 거룩한 남편의 상을 잘 구축해 가야 한다. 하나님께서는 반드시 하나님이 만들어 준 가정을 얼마나 거룩하게 이루어 갔는지 판단하실 것이다. 그 날에 '잘했다 충성된 종아'라는 하나님의 칭찬을 듣는 아내와 남편이 되기를 소망한다.

8장_ 자녀를 어떻게 양육할 것인가

결혼해서 아내와 남편이 되고 자녀를 낳아서 부모가 되는 것은 저절로 되는 것이 아니다. 부모가 되는 것은 다시 태어나는 것을 의미할 만큼 끊임없는 배움과 훈련을 통해서 부모가 되고 부부가 되어 이 땅에서 살아가는 것이다. 어느 누구나 부모가 되어서 직면하는 가장 어려운 일 중에 하나는 자녀들을 양육하는 일일 것이다. 자녀가 부모를 선택해서 태어난 것도 아니고 또한 부모가 자녀를 선택한 것도 아니다. 당연한 얘기 같지만 그럼에도 고민하는 것이 사실이다. 그러나 이 모든 것이 하나님의 섭리 가운데 이루어진 것임을 기억 한다면 부모가 해야 할 일이 무엇인지 짐작할 수 있을 것이다. 우리들의 사랑스러운 자녀들은 주께로부터 온 것이고 그들의 부모가 된 것도 주님께로부터 부여 받은 사명이다. 그러므로 자녀들을 주님의 방식대로 양육해야 한다는 것은 당연한 결론이다.

자녀들은 부모와의 관계를 통해서 하나님을 알아가는 것이고 세상에서 빛과 소금의 역할을 감당하는 자리로 인도된다. 생명의 주인이신 하나님을 알아가게 하는 훈련을 통해서 하나님의 뜻을 구현하는 자녀가 되게 해야 한다. 세상을 먼저 살았던 부모로서 자녀들이 부모들과 같은 반복적인 실수를 하지 않도록 올바른 지혜를 가르쳐야 한다. 부모는 특별히 부모자격증을 취득하여 부모가 된 것이 아니기에 많은 시행착오를 겪으면서 자녀들을 양육해야 하는 아픔을 감수해야 한다. 자녀들이 어떤 존재인지를 누구보다도 잘 아시는 주님께 지혜를 구하지 아니하면 세상의 흐름과 방법이 자녀 양육의 모든 기준이 될 뿐이다.

주님께서 우리에게 맡겨주신 자녀들은 세상이라는 넓은 무대를 활보하면서 21세기를 살아가야 할 하나님의 귀한 생명들이다. 이들이 불순종하는 아들들 가운데 역사하는 영을 따라 살아가고 있는 이 세상에서 하나님의 자녀로 살아가기 위해서는 영적으로 잘 훈련되어야 한다. 올림픽경기를 통해서 금메달을 목에 걸고 감동하는 선수들을 지켜보고 있노라면 많은 것을 느낀다. 메달을 따기 위해서 선수들이 흘린 수고와 땀은 말로 표현할 수 없을 것이다. 그들은 식사시간과 잠자는 시간을 제외하고는 하루에 10시간이상을 훈련한다고 한다. 오직 메달을 목에 걸기 위한 그들의 집념은 평범한 우리로서는 도저히 상상하기가 어렵다. 올림픽에 참가하는 수많은 나라들의 선수들을 이기기 위해서는 그만한 노력의 대가를 지불함 없이는 불가능하다.

이처럼 세상의 올림픽에서도 금메달을 획득하기 위해서는 수많은 인내와 끈기와 고된 훈련이 요구된다. 하물며 하늘의 시민권 자로서 최고의 심판관이신 하나님의 판정에 합당한 면류관을 받기 위한 과정은 육체의 훈련보다 더 힘들고 어려울 것이다. 자녀들을 하나님의 자녀로서 장차 하늘나라를 기업으로 상속받을 자로 키우기 위해서는 조금도 긴장을 늦추지 말고 강도 높은 영적 훈련을 시켜야 한다. 입에서 단내가 날 만큼 혹독한 훈련을 받아도 금메달을 딴다는 보장이 없는데 하물며 영적 세계에서 전혀 훈련되지 않는 아이들은 너무 쉽게 세상의 밥이 되고 말 것이다. 악한 영들과의 싸움에서 살아남는 십자가 군사가 되기 위해서는 강한 훈련이 필요하다. 세상의 지배를 받는 자가 아니라 세상을 이기는 자로서 키워야 한다. 그렇다면 이 자녀들을 우리는 어떻게 교육시켜야 하는가?

어떻게 라는 방법을 말하기 전에 먼저 알아야 할 것은 영적 교육은 세상에 태어나서부터 세상을 떠날 때까지 끊임없이 이루어지는 평생교육이라는 점이다. 물론 부모의 역할은 스스로 일어설 수 있도록 훈련시키는 것이다. 그를 통해 기초를 터득한 아이들은 성인이 되어 교회의 지도하에 스스로 훈련에 훈련을 거듭해야 적의 공격에 즉각

응징할 수 있는 자들이 될 것이다. 자력갱생에 이르기까지 지속적으로 벽돌을 쌓아 올리는 것이 되어야 한다. 어떻게 하나님을 의존하며 경외하며 살아가야 하는지를 잘 배워야 한다. 기도하는 것이 무엇인지, 찬송하는 것이 무엇인지, 교회를 섬기는 것이 어떤 것인지 등 신앙생활의 가장 기본적인 습관을 몸에 익히게 만들어야 한다. 그래야 강하고 담대한 주님의 군병으로 쓰임을 받는다. 이 모든 일들이 교회가 아니라 가정에서부터 이루어져야 한다. '가정이 교회와 국가를 위하여 꿀을 저장하는 신학교'라는 청교도들의 가정관이 의미 있게 다가오는 이유이다.

세상은 갈수록 가정의 붕괴가 심각해지고 있다. 가정의 원리가 하나님께서 제정하여 주신 것과 너무나 많이 멀어져 가고 있다. 기초공사가 튼튼하지 못한 많은 가정들이 무너지고 있다. 우리들은 지금 어디에서부터 시작하여 어떤 방법으로 이러한 가정의 문제를 해결해 나가야 할지 어리둥절할 뿐이다. 가정은 하나님께서 제정해 주신 제도이다. 기독교인 가정은 하나님의 나라를 체험하는 곳이다. 그리스도의 학교이다. 그러므로 우리들의 가정은 하나님께서 원하시는 방법으로 부모와 자녀들이 함께 양육 받는 훈련장이어야 한다. 그렇지 않으면 세상적인 온갖 잡류들이 가정을 지배하게 될 뿐이다.

성경에는 "아비들아 너희 자녀를 노엽게 하지 말고 오직 주의 교양과 훈계로 양육하라"(엡 6:4)고 하셨다. 그러나 현실적으로 아버지들의 삶을 보면 아침에 출근해서 저녁에 늦게 퇴근하기 때문에 자녀들을 주의 말씀으로 훈계하며 양육하는 것이 힘들다. 물질만능주의 세상에 살면서 하나님보다 돈을 더 많이 사랑하게 되었다. 그리하여 상당수의 기독교인 부모들도 하나님께서 맡겨주신 자녀들의 교육을 단지 물질로 해결하려고 하는 경향이 짙다. 선물공세나 외식문화, 학원제도와 과외학습 등으로 대리만족을 시켜주며 신앙교육조차도 교회교육이 전부로 생각하는 자들이 많이 있다.

경건한 가정을 형성해 가는 것은 성직자들만의 일이 아니다. 모든 하나님의 자녀들에게 요구되는 삶이다. 그러나 과연 부모 된 우리는 하나님께서 기뻐하시는 삶을 살고 있는가? 신명기 6:4-9에 "이스라엘아 들으라 우리 하나님 여호와는 오직 하나인 여호와시니 너는 마음을 다하고 성품을 다하고 힘을 다하여 네 하나님 여호와를 사랑하라 오늘날 내가 네게 명하는 이 말씀을 너는 마음에 새기고 네 자녀에게 부지런히 가르치며 집에 앉았을 때에든지 길에 행할 때에든지 누웠을 때에든지 일어날 때에든지 이 말씀을 강론할 것이며 너는 또 그것을 네 손목에 매어 기호를 삼으며 네 미간에 붙여 표를 삼고 또 네 집 문설주와 바깥 문에 기록할지니라"고 명령하셨다. 이 말씀에 의하면 누군가는 집에서 자녀를 양육해야 한다. 그것은 분명 어머니를 말함인데 밖에서 보내는 시간이 많은 아버지보다 어머니의 역할이 강조될 수밖에 없는 이유이다. 이방인인 아버지와 유대인 어머니 사이에서 난 자식은 유대인으로 간주하지만 반대 경우는 유대인으로 여기지 않는 것만 보아도 어머니 역할의 중요성을 짐작할 수 있다.

아내가 있어야 할 곳은 가정이다. 특히 자녀들이 어릴 경우에는 더더욱 집에 머물러서 자녀들의 교육에 힘써야 한다. 부지런히 하나님의 말씀을 자녀들에게 가르치는 것이 마땅한 일인데도 불구하고 수많은 어머니들이 가정을 떠나 직업을 가지고 있다. 이 사실은 과연 하나님이 원하시는 것인가? 1990년 미국의 노동력 45%가 여성 인력이라고 한다. 이미 6세 이하의 아이들 6백만 명이 일하는 어머니 아래에서 양육되고 있다. 18세 이하의 자녀들도 거의 과반수가 일하는 어머니를 가지고 있다고 한다. 20년이 지난 지금은 더 많은 아이들이 부모의 관심과 사랑에 굶주리고 있다. 한국에도 마찬가지로 수많은 여성들이 가정을 향한 관심과 사랑이 떠나도록 도전과 위협을 받고 있다.

심리학자인 월터 메닝져 박사는 다음과 같이 말했다. "우리들은 여성이 대단한 영웅이 되고 아이들은 텔레비전의 환상에 노출되도록 한 격렬하고 도전적인 여성들을 양산해 내고 있다." 이러한 것들은 하나님이 계획하신 정상적인 방법이 아니라는 사실을 염두에 두어야 한다, 우리 자녀들은 하나님을 대적하고 하나님과는 전혀 상관이 없는 교육에 의해 지배되고 있다. 그럼에도 수많은 부모들이 너무나 바쁘기 때문에 자녀들을 돌봐줄 시간이 없다. 죄가 우리 가족 안으로 깊숙이 들어왔다는 것을 바로 인식해야 한다. 또 그 죄로 인한 저주가 우리 자녀들의 영혼을 죽이고 있다는 사실을 바로 직감하지 않으면 안 된다. 이제 하나님께서 원하시는 성경적인 자녀교육이 어떤 것인지를 함께 살펴보도록 하자.

1. 내 것이 아닌 내 자녀

창세기 33:5에 야곱이 에서에게 "하나님이 주의 종에게 은혜로 주신 자식이니이다" 라고 고백하는 장면이 나온다. 또한 창세기 48:9에도 요셉이 "그 아비에게 고하되 이는 하나님이 애굽에서 내게 주신 아들들이니이다"라고 말씀하셨다. 성경은 자녀들은 분명히 하나님께서 주신 선물이라고 말한다. 또한 "여호와의 주신 기업"이다. 세상에서도 대통령에게 무엇인가를 받는 다면 대대로 가문의 가보로 귀하게 여길 것이다. 하물며 만주의 주가 되시고 거룩하신 하나님께서 우리에게 자녀를 선물로 주셨다는 것은 얼마나 영광스러운 일인가! 우리의 자녀는 내 것이 아니라 하나님의 것이다. 이 기본적인 전제는 아이들이 부모의 장난감이 아니라 이 땅에서 우리에게 잠시 동안 위탁 해주신 하나님의 자녀임을 시사하는 것이다.

우리가 위탁 받을 동안에 그 자녀들로 하여금 어떠한 마음을 가져야 하는지 잠언 23:24이 밝혀주고 있다: "의인의 아비는 크게 즐거울 것이요 지혜로운 자식을 낳은 자는 그를 인하여 즐거울 것이니라." 우리는 자녀들을 인하여 즐거워야 한다. 하나님은 자녀들이 우리의 즐거움이라고 성경에 말씀하셨다. 우리들의 행복과 즐거움을 위해서 잠시 이 땅에 살면서 하나님이 우리에게 허락하신 선물인 것이다. 선물은 즐거운 것이지 괴로운 것이 아니다. 시편 127편 3절에 "자식은 여호와의 주신 기업이요 태의 열매는 그의 상급이로다"라고 하셨다. 하나님의 선물이라고 번역된 이 "기업"이란 말은 히브리어로 "나할라"인데 재산, 소유, 유산 이라는 뜻이다. 자녀는 하나님이 부모에게 복으로 값없이 주신 선물이다.

사라, 레아, 라헬, 한나와 같은 구약의 여인들을 보면 그들이 가장 열망했던 것이 자녀를 많이 낳아서 훌륭한 어머니가 되는 것임을 알 수 있다. 아이들은 바로 가정의 미래를 건설할 뿐 아니라 나라의 번영을 가져다 주는 존재이기도 하다. 또한 유대인에게 있어서 많은 자녀의 생산은 말씀전파의 한 방법이다. 제1의 선교지가 바로 우리들의 자녀가 있는 가정인 것이다. 이처럼 성경에서 교훈하는 것은 자녀들은 하나님께서 주신 귀한 선물이며, 이들을 통해 우리에게 상심과 근심거리가 아닌 기쁨을 주시려고 하는 하나님의 계획이 있었다는 사실이다.

선물은 많을수록 좋은 것이 아닌가? 결혼해서 자녀를 낳는 것은 인간의 인위적인 제한 없이 하나님께서 주시는 대로 받는 것이라야 한다. 이것이 성경적이다. 그런데 '거룩한 씨'로 번성하라고 하신 하나님의 명령에(말 2:15) 순종해야 함에도 불구하고 기독교인들도 동일하게 세상의 잣대로 살아가고 있다. 요즘같이 교회에 갈수록 주일학교

학생 수가 줄어가고 있음은 자녀를 하나님께서 주시는 선물로 여기지 않고 부담스런 존재로 여겨왔다는 것을 말해 준다. 이처럼 하나님의 생각과 우리들의 생각이 얼마나 다른지 모른다. 생육하고 번성하고 정복하고 다스리는 일은 거룩한 자녀 생산이 없이는 불가능하다. 어버이는 자녀들을 키우면서 그들을 통하여 이루시기 원하는 하나님의 뜻이 무엇인지 깨달아야 한다. 그 비결은 주님께서 주신 귀한 선물들을 내 방식이 아닌 하나님의 방식으로 키워가야만 터득되는 것이다.

그러면 어떻게 키워야 할 것인가? 우리에게 자녀를 선물로 주셨으면 당연히 그들을 키울 힘과 지혜와 능력을 주시는 하나님이심을 믿어야 한다. 부모가 자녀들에게 선물을 줄 때 그 아이에게 필요 없는 것이나 위험한 것을 주어서 불행하게 만들지 않는다. 하나님께서 우리에게 자녀를 선물로 주신 것은 키울 지혜와 힘도 주신다는 것이다. 단지 우리가 게으르고 둔해서 공부하지 않고 연구하지 않아서 못하고 힘들다고 불평하는 것이다. 선물로 받은 장난감 안에는 설명서가 들어있다. 그 설명서를 잘 읽고 사용해야지만 장난감의 가치를 느낄 수 있다. 선물로 받은 자녀를 어떻게 키워야 하는지 우리에게 성경을 주셨다. 그 말씀을 묵상하고 읽고 기도하며 지혜를 구해야 한다. 성경도 읽지도 않고 기도도 하지 않는 부모는 자녀를 바르게 키울 수가 없다. 부모들이 공통적으로 하는 말이 있다. 전에는 성경도 읽고 기도도 열심히 했는데 아이가 태어난 후에는 성경을 읽지도 못하고 기도할 시간도 없다는 핑계를 대는 것이다.

아이가 태어나면 배나 바쁘고 힘들다는 것을 모르고 아이를 낳는 가? 자녀가 많을수록 더 많은 수고의 땀을 흘려야 하며 더 많은 지혜가 필요하다. 내 지혜로 키우는 것이 아니라 하나님의 자녀이기에 하나님이 주시는 지혜로, 하나님의 방식대로 키워야 한다. 그 일들을 통해 부모도 자녀들 때문에 하나님을 더 의지하게 되고 성숙해지는 것이다.

2. 세 살 순종 여든까지

모든 부모들이 순종하는 자녀들을 원할 것이다. 그러면 순종이 무엇인지를 가르쳐야 한다. 에베소서 6장 1절에서 "자녀들아 너희 부모를 주 안에서 순종하라 이것이 옳으니라 네 아버지와 어머니를 공경하라 이것이 약속 있는 첫 계명이니 이는 네가 잘되고 땅에서 장수하리라"고 하셨다. 요즈음 아이들은 죽어라 하고 부모 말을 안 듣는다. 아주 심각한 현상이다. 구약시대에는 부모를 거역하는 자에게 내리는 형벌이 가혹했다. 또한 부모를 거역한 자에게 내리는 형벌이나 하나님을 거역하는 자에게 내리는 형벌이 같았다. 신명기 21:18-21, 레위기 24:15-16에 보면 부모님에 대한 도전은 하나님께서 세우신 위계질서를 파괴하는 일로 간주되어 공개처형으로 다스렸다. 아이들이 복종하는 것과 순종하는 것을 어머니의 뱃속에서부터 배워가지고 나온 것이 아니다.

복종이라는 말이 무슨 뜻인지 알지 못할 때부터 순종을 가르쳐야 한다. 어린아이들도 우리와 같은 악한 본성을 가지고 있기 때문에 태어나면서부터 부모에게 순종하지 않는다. 그러므로 철저하게 훈련을 통해서 복종을 배우지 않으면 안 된다. 그러기 위해서 부모의 가르침이 있어야 하며 자녀들에게 복종하는 것을 가르치는 것은 우리 부모들의 귀한 책임이요 의무이다.

순종이 무엇인지를 가르치려면 첫째로 부모가 하나님 말씀에 헌신적으로 복종해야 한다. 부모가 하나님 말씀에 철저하게 복종하고 순종하는 것을 몸으로 실천하지 않는다면 아이들은 하나님께 복종하는 법을 더더욱 배울 수가 없다. 가정이란 작은 공간에서 아이들은 넓은 하나님의 나라를 바라볼 수 있어야 한다. 부모들의 헌신된 모습 속에서 참 하나님의 은혜를 체험하게 되어야 한다. 하나님 말씀에 철저하게 자기 자신을 죽이고 복종시키는 훈련을 통해서 아이들은 진정 복종이 무엇인지를 스스로 깨닫게 될 것이다.

둘째로 어머니가 아버지에게 복종해야 한다. 에베소서 5장 22-24에 "아내들이여 자기 남편에게 복종하기를 주께 하듯 하라 이는 남편이 아내의 머리 됨이 그리스도께서 교회의 머리 됨과 같음이니 그가 친히 몸의 구주시니라 그러나 교회가 그리스도에게 하듯 아내들도 범사에 그 남편에게 복종할지니라." 아내들은 남편을 주님을 대하듯이 복종해야 한다. 물론 남편에게 복종한다는 것은 쉬운 일이 아니다. 쉬운 일이라고 하면 주님께서도 하라고 명령하지 않으셨을 것이다. 아주 어려운 일이기에, 마땅히 훈련되어야 하는 일이다. 그것이 아내의 자리를 이탈하지 않게 함을 말씀하셨을 것이다. 남편의 권위는 하나님께서 부여해 주신 것이므로 그 권위에 순종하는 것이다. 가정의 질서를 위해서 남편에게 복종하는 삶을 훈련 받아야 할 것이며 그것이 하나님의 뜻을 이루어 드리는 지름길임을 알아야 한다. 이러한 어머니의 모습을 통해서 자녀들은 복종이 무엇인지를 배워갈 수 있을 것이다. 누군가는 본이 되어야지 배울 수 있는 것이 복종이기에 그 역할을 어머니에게 주셨다고 하면 두려운 마음으로 해야 한다.

셋째로 아이들의 복종의 가장 큰 실천은 잘 듣는 훈련을 통해서 형성된다. '복종하다' 라는 단어는 '잘 듣는다'라는 의미가 들어있다. 오늘날에는 아이들을 자유롭게 해 주어야 하며 부모의 권위에서 해방시켜야 한다는 이론이 많이 나오고 있다. 그들은 아이들이 자신의 운명을 비롯해서 종교, 사고방식, 경제나 도덕이나 모든 것을 선택할 권리를 부여하자고 한다. 그러나 이러한 이론들은 성경이 말하고 있는 것과는 반대이다. 국가를 보면 갈수록 대통령의 권위가 점점 상실되어가고 있으며 국가마다 많은 폭동이 일어나고 있다. 학교에서도 아이들을 가르치는 선생님들의 권위가 땅에 떨어지고 있다. 이제 더 이상 스승과 제자 사이에 신뢰감과 존경심이란 찾아보기 힘들다. 학생들은 더 이상 선생님의 말씀을 들으려고 하지 않는다. 종종 TV 뉴스를 통해서 학생들이 선생님에게 폭력을 휘두르는 사건을 보게 되는 경우가 그 단적인 증거이다. 갈수록 아버지들의 권위도 무너지고 있다. 하나님께서 아버지들에게 주신 권위가 점점 퇴보되고 있다는 것은 우리가 서로의 말을 들어주려고 하지 않는 데서 사실로 나타난다. 가정이 이렇게 붕괴되고 있으니 교회에서도 그 여파가 심상치 않다.

그러므로 태어나서부터 자녀들에게 가장 중요한 듣는 훈련을 시켜야 한다. 태어난 아기들은 말부터 시작하는 것이 아니라 듣는 것부터 시작한다. 아기들은 듣는 대로 두뇌에 입력한다. 신생아의 뇌는 태어나자마자 "주체적"으로 주변 환경에 반응하면서 1000억 개의 신경세포와 50조-100조개의 시냅스를 조합하고 필요 없는 것은 과감하게 버리는 방법으로 "뇌 회로망"을 만든다. 양전자단층촬영 분석결과 아기의 뇌는 생존 본능, 성욕, 식욕 등을 맡는 고피질(다른 동물에게도 있는 뇌) 회로망을 먼저 만들고 이를 바탕으로 논리적 사고와 고도의 판단 등을 주관하는 신피질(사람답게 만드는 뇌) 회로망을 만든다. 젖먹이의 뇌는 엄마의 사랑이 담긴 말을 배운 뒤 이 말을 바탕으로 세상을 이해하는 회로를 만든다. 이 회로가 제대로 만들어지지 않으면 뇌 회로망 전체가 뒤죽박죽이 되어 평생 정신적 문제를 안고 살 위험이 크다.

그런데 정서가 빠진 TV나 비디오의 언어는 회로를 만드는데 별 도움이 되지 못한다. 이는 과학적으로 입증된 사실이다. TV 스크린의 현란한 장면은 뇌신경 회로 형성에 혼란을 준다. 뇌 형성에 자연스러운 자극을 시시한 것으로 느끼게 해 회로망 형성을 방해하기도 한다. 또 TV나 비디오는 아기의 뇌를 수동적으로 만들 위험이 있는데 특히 주입식 학습비디오가 해롭다. 무엇보다 TV와 비디오는 사랑이 없으며 인격적인 접촉이 없기 때문에 매우 위험하다. 또한 아기가 부모나 주변 환경으로부터 자연스러운 자극을 받아들일 기회를 빼앗기 때문에 큰 문제이다. 2세 미만의 아기에겐 TV나 비디오를 보여주지 말아야 한다. 뇌 형성 시기 동안에 사랑이 듬뿍 담긴 어버이의 음성을 들으며 영원한 생명의 양식인 하나님의 말씀과 찬양을 들으며 자라나야 한다. 무엇을 듣고 사느냐에 따라 인생의 길이 좌우되기 때문이다. 아기들의 듣는 것과 보는 것을 위해서 어머니들이 최대의 힘을 기울이지 않으면 결과는 뻔한 일이 될 것이다.

아이들에게 책을 읽어주는 것도 좋은 방법이다. 어머니가 읽어 주는 이야기를 들음으로 자기들의 표현방식을 배우기도 하고 여러 가지 개념들을 배우게 된다. 즉 색깔의 개념을 비롯해서 길이와 무게 등 어머니가 말하는 것만 듣는 것보다 책을 읽고 봄으로써 지적인 향상과 능력이 개발된다. 또한 가장 중요한 것은 하나님 말씀을 들려주는 것과 기도하는 것 등을 우선으로 해야 한다. "마땅히 행할 길을 아이에게 가르치라 그리하면 늙어도 그것을 떠나지 아니하리라"(잠 22:6). 인생에서 처음 6살까지의 기간이 아주 귀중하고 소중한 시간이다. 뇌의 중요한 성장도 6세까지 완료된다고 한다. 유아는 3세까지 배우는 것이 그 이후에 배우는 것보다 더 많다고 한다. 두뇌가 가장 왕성하게 발달되는 영아기에 사람이 되게 교육하고 가르쳐야 한다. 이 시기는 학교에 들어가기 전이므로 부지런히 하나님의 말씀을 들려주어야 하며 인내를 가지고 꾸준히 말해 주어야 한다. 아이는 듣는 대로 말한다는 것을 잊어서는 안 된다. 사랑하는 말과 감사하는 말과 칭찬하는 말 등 덕을 세우는데 필요한 모든 말들을 아이들에게 해준다면 우리 아이들의 입에서도 자연히 이러한 하늘나라 언어들이 나올 것을 기대해도 될 것이다. 가장 중요한 것은 믿음은 들음에서 생기는 것이기에 사랑의 언어, 하늘나라 언어의 사용은 아이들의 영혼을 살리는 결과가 될 것이다.

3. 참 사랑이 심겨진 자녀

세상은 점점 사랑이 메말라 가고 있다. 가정이나 사회나 국가나 서로가 사랑하지 못하고 온통 싸우는 모습들을 너무나 많이 보고 있다. 부부가 서로 사랑하지 못하고 홧김에 가스통을 던져 둘 다 불에 타 죽었다는 뉴스를 보며, 나라가 나라끼리 화합하지 못하고 폭동이 일어나며 전쟁이 터짐을 보고있다. 권력을 위해서는 백성들의 목숨을 귀하게 여기지 않는다. 학교에서도 학생들이 집단 따돌림과 폭력을 일삼으며 죄의식 조차 찾아보기 힘든 못된 행동으로 친구들을 괴롭히는 뉴스를 쉽게 접한다. 이러한 사회 속에서 우리 자녀들에게 서로 사랑하며 사는 것을 어떻게 가르쳐야 할 것인가?

첫째, 부모들이 사랑의 본이 되어야 한다. 사랑은 하나님께 속한 것이기에 먼저 하나님을 사랑하는 모습을 보여 주어야 한다. "네 마음을 다하고 목숨을 다하고 뜻을 다하고 힘을 다하여 주 너의 하나님을 사랑하라 하신 것이요 둘째는 이것이니 네 이웃을 네 몸과 같이 사랑하라"(막 12:30-31). 가정은 자녀들의 신앙 훈련장이다. 그들은 부모들이 하나님을 경외하는 것을 보며 어떻게 사는 것이 하나님을 사랑하는 것인지를 태어나자마자 부모로부터 배우는 것이다. 그러기에 부모들은 늘 깨어 기도하며 하나님이 주신 자녀가 하나님과 교통하며 살 수 있도록 영적인 삶에 민감해야 한다. 보이는 육체를 위해서 늘 먹이고 재우고 입히고 하는 일은 부지런히 하면서 영적인 성장은 너무나 게으른 모습이 있다. 그러나 보이지 않는 하나님을 경외하며 사랑하며 거룩한 삶의 모범이 있어야지만 자녀들도 그런 부모들의 삶을 통해서 살아계신 하나님을 만날 수 있다. 부모들이 하나님을 사랑하는 것을 통해서 그들의 영적 사고방식이 점점 자라나게 될 것이다.

두 번째로, 아버지가 어머니를 사랑해야 한다. "남편들아 아내 사랑하기를 그리스도께서 교회를 사랑하시고 위하여 자신을 주심 같이 하라"(엡 5:25), "자기 아내 사랑하기를 제 몸같이 할지니 자기 아내를 사랑하는 자는 자기를 사랑하는 것이라"(엡 5:28) 고 하셨다. 사랑은 곧 희생이다. 아내는 연약한 그릇이기에 남편의 보호를 받아야 한다. 매 맞는 아내들이나 보호받지 못하고 사랑 받지 못하는 아내들의 삶은 정서적으로 매우 불안하다. 지금처럼 혼란한 사회에서 방황할 수

밖에 없다. 그런 어머니들이 어떻게 자녀들을 정상적으로 사랑하는 마음을 가지고 가르칠 수 있을까? 이것은 불가능한 일이라고 본다. 때로는 남편들이 아내를 사랑해 주지 않는 것으로 인하여 모든 삶의 의미를 자녀들에게 두기도 한다. 그러나 남편 대신 사랑을 이뤄가는 대리만족, 편협적인 사랑으로 모든 시간과 물질을 쏟아 부어 자녀들에게 중압감을 안겨주기도 한다.

이러한 위험을 바로잡기 위해서는 아버지가 희생적으로 어머니를 사랑해주며 그리스도의 말씀에 순종하는 삶의 본이 되어야 한다. 그러면 자녀들도 아버지가 어머니를 사랑하는 모습을 바라보면서 어머니를 사랑할 것이다. 또 사랑이 무엇인지 그들 나름대로 배워가면서 인격이 형성되며 하나님의 사랑을 느낄 수 있을 것이다.

세 번째, 자녀들에게 사랑은 실천하는 것임을 가르쳐야 한다. 아기들은 본래 자기만족을 채우기 위해서 다른 사람들을 신경 쓰지 않는다. 예배시간에 떠드는 것을 보아도 알 수 있다. 그들은 사랑이 무엇인지도 모른 채 단지 엄마의 끊임없는 정성과 사랑에 의해 엄마를 사랑하기 시작한다. 어릴 때부터 사랑을 충분히 받고 자란 아이들은 다른 사람들에게 사랑을 줄 수 있다. 우리가 하나님의 사랑을 많이 받으면 받을수록 우리 속에서 역사하시는 성령님의 은혜가 다른 사람들에게 사랑으로 나타나는 경우와 마찬가지일 것이다. 엄마와 아이의 관계를 통해서 사회성이 발달되고 욕심이 많은 아이들이 점차적으로 다른 사람들에게 관심을 기울이게 된다. 우선은 아이의 또래끼리 가끔 만나서 서로를 인식시켜주고 나누어 주는 훈련을 하는 것이 가장 중요하다. 사랑은 주는 것이요 자기 자신을 희생하는 것이라는 사실을 삶에서 체험하지 못하고 훈련 받지 못하면 입으로 말하는 사랑이 되어 허공에 흩어지게 될 것이다.

자기가 가지고 있는 중요한 장난감이나 아끼는 것이 있을 때 그것을 다른 친구가 원한다면 과감하게 줄 수 있는 훈련이 되지 못하면 자기만 아는 이기적인 아이로 자라기 쉽다. 그래서 또래들의 모임은 매우 좋은 훈련의 장소라고 본다. 나름대로 사랑을 실천할 수 있는 상황이 마련되기도 하고 다른 아이들도 내가 사랑해 주어야 한다는 것을 배우는 기회가 되기 때문이다. 사랑을 하면 할수록 기쁨이 넘치는 성령의 역사가 저들 가운데 임하기 때문에 어려서부터 배우고 경험하는 사랑은 하나님의 인격을 닮아갈 수 있는 초석 되는 것이다.

그리고 부모들이 손님들을 집에 초대해서 저녁을 함께하며 그들에게 사랑과 봉사의 모습을 실천해야 한다. 시간과 물질을 아까워하지 않고 다른 사람들을 기쁘게 해주는 부모들의 삶을 통해서 자녀들은 사랑은 베푸는 것이라는 가르침을 실감되게 배울 것이다. 이 시대는 사람들이 하나님을 더 이상 사랑하지 않고, 자녀들이 부모에게 거역하는 시대이기 때문에 이 사랑의 실천은 힘을 다하여 자녀들에게 가르쳐야 한다. 그렇지 아니하면 우리 자녀들은 사랑의 실천은커녕 무엇이 사랑인지도 알 수 없게 되기 때문이다. "사랑하는 자마다 하나님께로 나서 하나님을 알고 사랑하지 아니하는 자는 하나님을 알지 못하나니 이는 하나님은 사랑이심이라(요일4:7-8) 사랑하는 자들아 하나님이 이같이 우리를 사랑하셨은즉 우리도 서로 사랑하는 것이 마땅하도다(요일4:11)." 사랑하지 않으면 하나님을 알 수가 없다. 사랑은 하나님께 속한 것이다. 우리의 자녀들이 비록 작고 좁은 공간이지만 가정에서 또는 교회에서 나름대로 사랑하는 법을 배우고 실천해야 할 것이다. 그것이 자녀들의 영혼을 살리는 유일한 길이기에 더욱 힘써야 한다.

자녀들은 하나님께서 주신 귀한 선물이기에 우리 마음대로 가르치는 것이 아니라 하나님의 말씀대로 가르쳐서 그들이 하늘나라 백성으로서 이 땅에서 살아가게 해야 한다. 복음의 역사가 우리 아이들로 인해서 확장되는 놀라운 역사가 있어야 한다. 다음 세대를 책임지는 하나님의 일꾼이 되어서 세상의 빛이요 소금의 역할을 감당하는 삶이 이루어져야 한다. 또한 위에 계신 하나님과 이 땅 위의 부모에게 복종하는 일과 이웃사랑을 실천하는 일에 사명감을 갖고 살 수 있게 해야 한다. 먼저 하나님의 말씀에, 부모에게, 자신을 가르치는 자들에게 순종하는 것이 훈련과 가르침을 통해서 이루어져야 한다. 또한 목숨을 다하여 하나님을 사랑하고 내 이웃을 내 몸같이 사랑하는 것을 고된 훈련을 통해서 배워야 한다. 하나님은 사랑이시니 하나님을 소유한 우리들의 삶은 비록 어린 아이일지라도 사랑으로 표현되어야 한다. 그것을 통해서 점점 하나님의 성품을 닮아가기 때문이다.

이 어두운 세상에 빛이 되어 하나님께서 쓰시는 귀한 일꾼이 되어야 한다. 우리는 철저한 순종의 모범을 보이신 예수님을 자녀들에게 가르쳐야 한다. 죽기까지 순종하신 예수님이시다. 하나님의 말씀이라면 즉각적으로 순종을 보이시며 기쁨으로 즐거움으로 솔선수범하여 모범을 보이신 예수님이셨다. 우리 자녀들도 철저한 훈련을 통해서 그분의 순종을 삶에서 실천해야 한다. 하나님을 통해 자신의 하나밖에 없는 아들 예수님을 이 땅에 보내신 하나님의 지극하시고 위대하신 사랑의 모습을 본다. 냄새 나고 더러운 죄악 속에서 헤어 나오지 못하는 인생들을 사랑하셔서 아들을 십자가에 못 박혀 죽게 하신 우리 하나님의 사랑을 본받아야 한다. 그래서 부모로써 이 땅에 사는 동안 지극한 하나님의 사랑을 조금이나마 실천하기 위해 우리 자녀들에게 사랑의 모범을 보이고 가르쳐야 한다. 하나님과 부모님께 순종하면 결국은 믿음이 날마다 자랄 것이다. 하나님과 부모를 사랑하는 마음을 이웃에게 실천하며 하나님을 아는 지혜가 날마다 자랄 것이다.

"예수는 그 지혜와 그 키가 자라가며 하나님과 사람에게 더 사랑스러워 가시더라"(눅 2:52).

9장_ 아름다운 부부의 성

1980년대 초에 남편과 함께 영국에서 유학시절을 보내던 때의 일이다. 런던 지하철 안이나 공공장소에서 젊은이들이 주위사람들을 전혀 신경 쓰지 않고 애정행각을 벌이는 일을 심심치 않게 목격할 수 있었다. 보는 우리가 오히려 무안해서 얼굴을 돌린 적이 한 두 번이 아니었다. 대낮에 그것도 사람들이 많이 오고 가는 장소에서 도대체 어떤 생각을 가지고 저럴까 이해할 수가 없었다. 그런데 1990년대 초에 한국에 귀국하면서 영국에서 보았던 광경들이 서울시내에서 그대로 재현되고 있음에 또 한 번 놀라게 되었다. 1988년 올림픽 이후로 우리나라도 많은 변화의 물결이 있었다고 한다. 그 중에서도 성에 대한 개념은 급속도로 변해가고 있었다. 우리나라도 성적인 문란함에 눈 뜨고 볼 수 없는 광경들이 너무나 많아졌다.

작년 여름에는 남편의 안식년을 맞아 미국에 다녀오게 되었다. 그 곳에서 또 한 번 놀란 것은 이성 간이 아닌 동성 간의 애정행각을 거리에서 보게 됐는데 소름이 끼칠 정도였다. 그렇다면 우리나라도 이성 간이 아닌 동성 간의 애정행각을 볼 날이 얼마 남지 않았다는 생각에 너무나 마음이 아팠다. 물론 아직 거리에서 보이지 않더라도 음지에서 일어나는 일들은 있을 것이다. 하지만 많은 사람들이 보는 앞에서 대담하게 행동하는 것이 더 이상 수치스럽고 부끄럽지 않은 행동임을 TV 드라마에서 홍보하고 있는 현실이 아닌가? 이 얼마나 하나님 앞에서 죄악된 일인가? 세상 사람들은 하나님의 의도하고는 전혀 상관없는 성 지식을 가지고 살아간다. 단지 향락과 쾌락의 도구로 생각하는 경우가 너무나 많은 것 같다. 성도들도 성적 문란에 쉽게 넘어지는 현실이다. 따라서 그리스도인들도 성에 대한 올바른 지식을 통해서 이 세대를 본받지 말고 지으신 분의 의도에 따라 거룩하게 사용되어야 함을 본 글에서 다루고자 한다.

1. 아름답고 선하신 계획

"하나님이 자기 형상 곧 하나님의 형상대로 사람을 창조하시되 남자와 여자를 창조하시고 하나님이 그들에게 복을 주시며 그들에게 이르시되 생육하고 번성하여 땅에 충만하라, 땅을 정복하라, 바다의 고기와 공중의 새와 땅에 움직이는 모든 생물을 다스리라 하시니라"(창 1:27-28).

성은 하나님께서 계획하신 것이다. 그분은 선하시며 의로우시며 전지전능하신 분이시다. 분명히 선한 목적을 가지고 만드신 것이다. 남자와 여자를 만드시고 그들에게 복을 주시려고 하신 것이다. 남자와 여자로 태어난 것은 자신의 선택이 아닌 하나님의 선택으로 귀한 작품이 된 것이다. 이 세상에 나와 똑같은 사람은 아무도 없다. 비록 쌍둥이라 하더라도 조금씩은 다르다. 세상의 어떤 조각가가 수십억 개의 작품을 전부 다 다르게 만들 수 있단 말인가? 하나님만이 하실 수 있는 것이 아니겠는가? 사람이 만든 작품은 실수하고 실패할 수도 있다. 그러나 하나님의 작품은 실패작이 없다. 사람의 생김새에 대해서 판단할 수 있는 사람은 이 세상에 아무도 없다.

요즘같이 외모지상주의에 물들어 살고 있는 젊은이들은 자기얼굴이 맘에 들지 않는다고 성형외과에 가서 수술을 하는 경우가 다반사다. 남녀노소를 막론하고 젊어지고 예뻐지기 위해 노력하는 모습은 도가 지나칠 정도이다. 주부인지 처녀인지 구분할 것 없이 외모 가꾸기는 누구에게나 관심과 화제가 되고 있다. 몸매 가꾸기는 중년의 여성들에게도 삶이 되어 버린 지 오래이다. 음식조절과 운동은 기본이고 하루에 많은 시간을 외모 가꾸기에 투자하고 있다. 물론 건강을 위해서 살을 빼는 것은 당연히 좋은 일이지만 단지 아름다운 몸매를 위한 것이라면 다시 한번 깊이 생각해 볼 문제이다. 젊은이들이 배우자를 선택할 때도 가장 중요시하는 것이 외모라고 한다. 외모 보다 내적인 인격의 성숙도와 신앙이 중요함에도 말이다. 사람은 외모를 보나 하나님은 마음의 중심을 보신다. 외모는 내가 선택해서 만들어진 것이 아니라 절대주권자인 하나님의 손에 의해서 만들어진 것이기에 어느 누구도 항변할 수 없는 것이다. 우리들도 사람의 중심을 보는 시각을 가져야 한다.

예술작품도 작가에 따라서 작품의 가치가 다른 것을 알 수 있다. 누가 그렸는지 누가 만들었는지가 중요한 것이다. 하물며 우리 개개인은 이 세상에 단 하나밖에 없는 하나님의 작품이다. 그래서 우리는 남자와 여자로 태어난 것에 대한 긍지와 자부심을 가지고 살아야 한다. 결혼한 부부는 딸과 아들을 차별 없이 하나님의 귀한 선물로 알고 감사하는 마음의 자세가 필요하다. 옛날에는 남아선호사상이 심해서 아들을 낳지 못하면 어머니들이 기를 펴지 못했다. 물론 지금은 아들과 딸의 차별이 심각할 정도는 아니지만 아직도 우리 마음대로 할 수 없는 것을 가지고 고민하는 가정들이 있다. 기독교인들은 주께서 주시는 데로 감사하면서 받아야 한다.

또한 한두 명의 자녀에서 생산을 멈추는 가정들이 수도 없이 많다. 1970년에서 1980년 사이에 정부에서는 '아들 딸 구별 말고 둘만 낳아 잘 기르자'라는 구호를 외쳤다. 그때에 수많은 사람들이 이 구호가 마치 하나님의 말씀인 것처럼 기독교인들도 동참하기 시작했다. 몇 십

년의 일들을 예측하지 못한 처사가 아닌가? 기독교인들이 사람의 소리보다 하나님의 말씀에 귀를 기울였다면 지금의 저출산 문제는 조금이라도 형편이 나았을 것이다. 현재 한국의 저출산 문제는 아주 심각하다. 2300년이 넘으면 단일민족으로서 한국인은 존재하지 않는다는 조사 결과가 발표됐다. 한국여성 1명당 자녀 수는 1.16명으로 5년 연속 경제협력개발기구(OECD)회원국 중 꼴찌라고 한다. 동아일보 2011년 1월 4일자에 보면 자녀 1명 키우는데 2억 6204만원이 들어간다고 한다. 이것도 물론 대학 졸업까지 비용이라고 하는데 결혼 자금까지 계산하면 더 많은 돈이 들어가는 부담을 안고 있어야 한다. 그래서 한두 명의 자녀로 그치며 더 이상의 자녀들은 생각하려고 들지 않는 것이 우리의 현실이다.

그러나 우리 기독교인들은 하나님의 음성에 귀를 기울여야 한다. 세상 사람들이 그들의 방법으로 자녀를 낳고 키울지라도 우리는 하나님의 방법으로 자녀들을 교육시켜야 한다. 세상 사람들같이 그렇게 많은 돈을 들이지 않고서도 얼마든지 훌륭하게 키울 수가 있기 때문이다. 물질을 가지고 자녀를 키우는 것이 아니라는 것이 증명되고 있다. 정부가 보육시설을 늘리고 자녀가 많은 가정에 지원금과 혜택을 주지만 좀처럼 숫자가 많아지지 않고 있다. 왜냐하면 자녀 키우기에는 돈보다 부모의 많은 희생이 요구되고 있기 때문이다. 희생은 눈에 보이는 것이 아니라서 물질로 환산할 수도 없는 것이다. 부모가 자녀들을 지극정성으로 돌보고 사랑하며 희생하는 마음 없이는 잘 키울 수가 없다. 이것은 분명 어려운 일이고 돈으로 해결되는 문제가 아니다.

21세기에 들어와서 선진국들은 더 이상 전통적인 가정과 결혼관을 주장하지 않게 된지 오래다. 남녀가 결혼해서 자녀를 낳고 아이들을 키우는 것을 부모에게만 맡기지 않는다. 국가와 정부와 직장이 도와주고 있다. 다양한 형태의 가정을 인정해 주고 자녀생산을 도와주며 정책적으로 인구를 늘려가고 있다. 심지어는 나라가 합법적으로 동성부부도 가정으로 인정해주고 그들의 자녀양육도 도와주고 있다. 이럴 때 일수록 기독교인들이 정신을 똑바로 차려야 한다. 점점 가정의 질서가 무너지면서 가정의 붕괴가 심각한 현상을 초래하여 수습할 수 없는 지경에 이르게 된 것이다. 출산율이 저조한 나라마다 인구정책을 내세우고 있지만 만만치가 않는 실정이다. 성을 통해서 생육하고 번성하여 이 땅을 정복하고 다스리라는 하나님의 말씀에 적극적인 순종의 모습이 절실할 때이다. 하나님을 사랑하는 젊은 부부들이 자녀생산에 적극적으로 동참하여 가정도 살리고 경제도 살리고 나라도 살릴 때이다.

돈이 없어서 못하는 것이 아니라 믿음이 없어서 실천을 못하는 것이다. 돈으로 자녀를 키우는 것이 아니라 믿음을 가지고 세상의 흐름을 거슬려 올라가야 한다. 서구나 유럽에 있는 개혁교회성도들은 자녀들을 많이 낳고 있다. 그들의 자녀들이 각자의 위치에서 하나님의 소리를 내며 그리스도인의 향기를 발하며 세상의 빛이 되고 있는 모습을 볼 수 있다. 우리나라도 기독교인들이 솔선수범하여 자녀생산에 동참을 해야 한다. 그것이 하나님의 나라를 이 땅에 건설하는 기회이며 하나님께 영광을 돌리며 거룩한 씨로 번성케 하는 길이 될 것이기 때문이다.

자녀를 많이 낳기 위해서는 일찍 결혼을 해야 한다. 갈수록 결혼이 늦어지고 있다. 성경에는 어려서 취한 아내를 즐거워하라고 하였다. 여성은 아기를 낳을 수 있는 기간이 정해져 있기 때문이다. 월경을 시작할 때부터 끝날 때까지 아기를 낳을 수 있는 기간이다. 대부분 15세에 시작해서 50세 전에는 아기를 낳을 수 있다. 그러나 40세 이후로 아기를 낳은 사람은 그렇게 많지가 않다. 노산이라고 해서 꺼려하기 때문이다. 또 건강도 따라주지 않기 때문에 현실적으로 어려운 시기이다. 갈수록 대부분의 여성이 30세 이후에 결혼을 하는 경우가 많은데 아이를 낳을 수 있는 기간은 10년 안팎이 된다. 10년 동안에 노산에 대한 염려 없이 아기를 얼마나 많이 나을 수 있을까? 점점 결혼연령이 늦어지면서 자녀생산은 점점 어려운 일이 되고 있다. 여성들의 자아개발도 중요하지만 가정을 이루고 하나님의 방식대로 자녀를 낳아 키우는 일과는 비교할 수 없음을 알아야 한다.

성(性), 어떻게 이해해야 하는가?

인간의 욕심과 타락의 결과로 성이 얼마나 왜곡되었는지 모른다. 우리는 반드시 그분의 의도에 따라서 성이 사용되어야 한다는 것을 명심해야 한다. 아무리 세상이 타락하고 성을 상품화시켜 변질된 모습으로 나아가도 기독교인들은 세상의 흐름에 따라가서는 안 된다. 또한 여성이 남성화가 되고 남성이 여성화가 되어가는 이 세대에 우리는 정체성의 혼란을 겪고 있다. 하나님의 의도는 여성은 나이가 들수록 더 여성스러워야 되는 것이고 남성은 남성으로서의 역할을 더 신중하게 해 나가는 것이다. 요즈음은 옷을 입는 것도 성별의 구분이 없다. 저마다 개성에 따라 입고 다닌다. 예전에는 액세서리와 화장은 여성의 전유물이었다. 그러나 요즈음은 남성들도 온몸에 액세서리를 하고 다니는 모습을 거리에서 쉽게 볼 수 있다. 성의 구분이 없다는 것은 점점 하나님께서 만드신 질서가 무너져가고 있음과 같다고 해도 틀린 말이 아닐 것이다. "하나님이 그 지으신 모든 것을 보시니 보시기에 심히 좋았더라"(창 1:31)고 하셨다. 여성과 남성을 하나님께서는 다르게 지으셨다. 남자에게는 힘을 주시고 한 가지 일에 전념할 수 있도록 논리적인 사고를 주셨다. 여자는 힘은 남자보다 부족하지만 섬세하고 남편을 돕는 배필로 지으셨다. 남자가 볼 수 없는 세밀한 것을 여자가 보고 그를 적극적인 방법으로 도와주는 것이다. 또한 남자는 목표를 향해서 달려간다. 예를 들어서 멀리 여행을 가도 남편은 목적을 향해서 부지런히 달려간다. 그러나 여자는 관계 지향적이기 때문에 과정이 중요하다. 목적지에 다다르기 전에 장도 보고 커피숍에 가서 분위기 있게 차를 마시면서 다정한 대화를 나누는 것을 원한다. 남자는 존경 받기를 원하지만 여자는 사랑이 더 중요하다.

이렇게 남자와 여자를 다르게 지으셨다는 사실을 통해 그들의 역할도 다르다는 것을 알 수 있다. 여성은 어머니가 되어서 자녀를 낳아 올바른 가정세우기에 충실해야 한다. 남성은 아버지가 되어 이마에 땀을 흘리며 노동의 의무를 다하며 가정을 주님의 말씀으로 인도하는 제사장의 역할을 잘 감당하여야 한다. 부부는 가정을 파괴하는 세력과 싸워서 이겨야 한다. 사단은 광명한 천사로 우리 앞에서 달콤한 것을 주는 것 같지만 결국은 멸망의 길로 인도한다. 생명으로 인도하시는 하나님께서 만드신 성의 차이를 알고 그분의 의도에 따라서 사용되어야 한다.

2. 오직 부부에게만

성은 조물주이신 하나님께서 피조물인 사람들에게 내려주신 선물이다. 그래서 마땅히 그분의 간섭과 허락하신 범위 안에서 사용되어야 한다.

"이러므로 남자가 부모를 떠나 그 아내와 연합하여 둘이 한 몸을 이룰지로다 아담과 그 아내 두 사람이 벌거벗었으나 부끄러워 아니하니라"(창 2:24-25).

지상낙원인 에덴동산을 지으시고 남자와 여자를 만드시고 그들로 하여금 부부가 되어 성생활을 허락하신 것이다. 그러므로 부부의 성 관계는 타락하기 전 하나님의 섭리에 의해서 만들어진 선한 것이다. 둘이 벌거벗었으나 부끄러워하지 않았다는 것은 부부에게 주신 좋은 선물이요 귀하고 소중한 것이다. 육체적으로 한 몸이 되는 것은 부부에게만 허락하신 것이다. 부부가 아닌 다른 사람과의 성적인 결합은 죄이다. 하나님께서 역겨워하시는 것이다. "모든 사람은 혼인을 귀히 여기고 침소를 더럽히지 않게 하라 음행하는 자들과 간음하는 자들을 하나님이 심판하시리라"(히 13:4).

여기서 침소는 헬라어로 성교를 의미하는 단어인 코이투스(coitus)이다. 하나님께서는 결혼을 귀히 여기시고 부부를 위해서 아름다운 성을 허락하셨다. 부부의 성생활은 더러운 것이 아니다. 죄가 아니라 하나님께서 허락해 주신 좋은 것이다. 부부가 아닌 다른 사람들과의 성생활이 더럽고 추악한 것이다. 그러므로 우리들 마음대로 사용하라고 주신 것이 아님을 명심해야 한다. 부부만이 누릴 수 있는 기쁨이요 즐거움이라는 것이다. 한계를 정해 주신 이유가 반드시 있다. 하나님의 의도대로 사용되어지지 않으면 수많은 복잡한 문제들, 즉 불행한 일들이 일어나기 때문이다.

아내와 또는 남편의 외도로 말미암아 얼마나 많은 가정들이 무너지고 있는가? 본인들은 물론 자녀들에게까지 미치는 악영향은 말로 표현할 수 없다. 부모들의 이혼과 외도는 자녀들에게 고통과 아픔을 안겨다 주는 처사이다. 그들이 정상적으로 살아갈 수 있는 기회를 빼앗는 부모가 되어서는 안 되는 것이다. 세상은 드라마나 영화를 통해서 간음의 문제를 미화시켜 만들어간다. 마치 인생의 행복을 찾아가는 사람들의 돌출구가 가정이 아닌 다른 곳인 양 찾아가도록 부추기고 있다. 하나님은 인생의 연약함을 너무나도 잘 아는 분이시기에 우리는 반드시 부부에게만 허락하신 성생활을 어느 누구와 어떤 이유로도 하면 안 되는 것이다. 침소를 더럽히는 일은 가증한 일이요 반드시 주님의 심판이 따르기 때문이다.

"너희 몸이 그리스도의 지체인 줄을 알지 못하느냐 내가 그리스도의 지체를 가지고 창기의 지체를 만들겠느냐 결코 그럴 수 없느니라 창기와 합하는 자는 저와 한 몸인 줄을 알지 못하느냐 일렀으되 둘이 한 육체가 된다 하셨나니"(고전 6:15-16).

그리스도의 지체가 창기의 지체가 될 수 없는 것이다. 십계명에도 '간음하지 말라'는 말씀이 있다.

인생이 타락한 이래 성문제는 아주 심각한 지경에 이른 것이다. 그만큼 성범죄를 크게 보신 것이다. 미국에서는 감기와 독감환자만큼 성병환자가 많다고 한다. 순결을 지키는 것은 불가능한 것이 되어버린 것이다. 갈수록 성범죄는 지능적으로 늘어가고 있고 심지어 어린아이들까지 성의 도구가 되었다. 자녀를 키우는 부모들은 늘 불안한 마음을 가지고 있다. 성교육을 통해서 범죄율을 줄이려고 노력하고 있지만 오히려 그것을 이용해서 더 심각한 일들이 일어나고 있다.

"누구든지 남의 아내와 간음하는 자 곧 그 이웃의 아내와 간음하는 자는 그 간부와 음부를 반드시 죽일지니라"(레 20:10). 결혼한 사람이 남의 아내와 불법적인 관계를 갖는 것을 절대로 허락하지 않으신 하나님이시다. 그들의 종말은 죽음이 기다리고 있을 뿐이다. 레위기 20:11-23에 보면 근친상간, 동성연애, 짐승과의 관계 등 금지된 성관계에 대해서 나열하고 있다. 그들은 결국 백성 중에서 끊어지게 되는 무서운 형벌을 받았다. 모세의 시대에 이러한 일이 일어났다면 지금의 세상은 이것보다 더 심각할 것이다. 하나님께서 이런 성범죄를 미리 아시고 인간들에게 한계를 정해주셨음에도 불구하고 전혀 귀를 기울이지 않는다. 그러나 기독교인들은 악할 때일수록 더 밝은 빛이 되어 세상의 길잡이가 되어야 한다.

"식물은 배를 위하고 배는 식물을 위하나 하나님이 이것 저것 다 폐하시리라 몸은 음란을 위하지 않고 오직 주를 위하며 주는 몸을 위하시느니라"(고전 6:13). 우리들의 몸은 주님께서 주신 거룩한 전이다. 젊은이들은 결혼 전에 반드시 순결을 목숨처럼 지켜야 한다. 어느 누구에게도 내 몸을 함부로 보여주어서는 안 된다. 주님이 순결한 분이시기에 우리도 순결을 지키며 따라가야 한다. 세상의 유혹과 탐욕이 우리를 지배하지 않도록 늘 세심하게 주의를 기울이며 기도하는 삶을 살아야 한다. 우리의 몸은 주님의 영광을 위해서 사용되어야 하며 거룩한 산 제사로 드려져야 한다. 세상 사람들이 무슨 말로 현혹한다 해도 하나님의 말씀에 순종하는 자세는 성도가 마땅히 해야 할 일인 것이다. 우리는 성적인 타락이 얼마나 사람을 피폐하게 만들어 가고 있는지 잘 알고 있다. 눈에 보이는 것이 전부가 아닌 삶이 우리에게 주어져있기 때문에 주님 보시기에 합당하고 정직하고 의로운 삶을 살아야 한다. 부부가 아닌 모든 성교는 음행을 저지르는 것이고 더럽고 추악한 간음의 죄를 짓는 것임을 다시 한번 명심하여 이러한 죄를 짓지 않도록 힘써야 한다.

3. 깊어가는 사랑의 샘

"너는 네 우물에서 물을 마시며 네 샘에서 흐르는 물을 마시라 어찌하여 네 샘물을 집 밖으로 넘치게 하겠으며 네 도랑물을 거리로 흘러가게 하겠느냐 그 물로 네게만 있게 하고 타인으로 더불어 그것을 나누지 말라 네 샘으로 복되게 하라 네가 젊어서 취한 아내를 즐거워하라 그는 사랑스러운 암사슴 같고 아름다운 암노루 같으니 너는 그 품을 항상 족하게 여기며 그 사랑을 항상 연모하라 내 아들아 어찌하여 음녀를 연모하겠으며 어찌하여 이방 계집의 가슴을 안겠느냐"(잠 5:15-20).

남편은 사랑스러운 아내를 즐거워해야 한다. 아름다운 아내를 만족케 해 주어야 한다. 아내의 품을 항상 그리워해야 한다. 다른 여자는 생각도 해서는 안 된다. 아내는 아내이기에 사랑스럽고 아름답고 귀한 존재이다. 하나님이 그렇게 만들어서 남편에게 주신 최고의 선물이다.

"여호와 하나님이 아담을 깊이 잠들게 하시니 잠들매 그가 그 갈빗대 하나를 취하고 살로 대신 채우시고 여호와 하나님이 아담에게서 취하신 그 갈빗대로 여자를 만드시고 그를 아담에게로 이끌어 오시니 아담이 가로되 이는 내 뼈 중의 뼈요 살 중의 살이라 이것을 남자에게서 취하였은즉 여자라 칭하리라 하니라"(창 2:21-23). 아내는 하나님께서 남편에게 이끌어 주신 내 몸의 일부분이다. 그런 내 몸의 일부분인 아내를 사랑하지 않는다면 자기 자신을 미워하는 어리석은 사람이 되는 것이다. 내 몸이 아닌 다른 사람의 몸을 만진다는 것은 죄이다. 요즈음은 다른 사람의 몸을 조금이라도 만지면 성추행이라 하여 사회에서 정상적으로 살아갈 수 없는 죄인으로 낙인을 찍히게 된다. 자기 몸의 일부분이 싫다고 도려내서 다른 사람의 몸으로 바꾸는 일을 하는 사람은 이 세상에 아무도 없을 것이다. 생살을 도려내는 고통을 감수하는 비극이 초래될 것이기 때문이다. 때로 아내와 남편은 속일 수 있지만 전능하신 하나님을 속일 수 있는 사람은 이 세상에 아무도 없다. 비록 나이가 들수록 외모는 늙어가지만 내 아내가 이 세상에서 제일 예쁘고 아름답다고 생각하며 하나님께 감사해야 한다. 아내 없이 사는 사람들이 이 세상에는 얼마나 많은지 모른다. 가정을 잘 지키지 못하고 아내의 마음에 깊은 상처와 고통을 주는 남자들이 늘어가고 있다.

기독교인들은 내 아내가 최고로 귀한 존재임을 깊이 깨달아야 한다. 아내의 필요를 채워주며 외롭게 만들지 말아야 한다. 물질만능주의에 살고 있기 때문에 돈을 사랑하도록 방치해서는 안 된다. 백화점에 가면 90%가 여성이다. 필요한 물건이 있어서 사는 사람보다 구경하고 대리 만족하며 허전함을 채우기 위한 이유로 오는 사람들이 더 많다. 이 세상에는 수많은 남편들이 아내에게 경제의 문제를 떠맡기는 가정이 많다. 가정과 직장을 병행하는 것은 아내들에게 정신적, 육체적으로 힘든 일이고 스트레스의 요인이 되어서 건강을 해칠 수 있는 위험이 많다. 아내가 피곤하고 지친 모습으로는 남편을 즐겁게 해줄 수 없다는 사실을 알아야 한다. 자녀양육의 큰 부담과 육체적인 피곤함 때문에 남편을 도와주어야 할 자리를 이탈하게 된다. 그렇게 되면 가정 안에서 부부에게 주신 기쁨과 즐거움을 누리지 못하고 가정밖으로 나가 탈선을 하게 된다.

"음행의 연고로 남자마다 자기 아내를 두고 여자마다 자기 남편을 두라 남편은 그 아내에게 대한 의무를 다하고 아내도 그 남편에게 그렇게 할지라 아내가 자기 몸을 주장하지 못하고 오직 그 남편이 하며 남편도 이와 같이 자기 몸을 주장하지 못하고 오직 그 아내가 하나니 서로 분방하지 말라 다만 기도할 틈을 얻기 위하여 합의상 얼마 동안은 하되 다시 합하라 이는 너희의 절제 못함을 인하여 사단으로 너희를 시험하지 못하게 하려 함이라"(고전 7:2-5). 결혼을 했으면 서로를 위해서 의무를 다하라고 했다. 자기 몸을 배우자가 주장하게 해야 하는 것이다. 아내와 남편은 배우자의 성적 욕구를 채워주어야 한다. 그렇지 않으면 사단이 틈을 타서 죄를 범하게 되기 때문이다. 혼자서 편하게 내 몸을 주장하며 살아왔는데 결혼 후에 상대방에게 준다는 것은 쉬운 일이 아니다. 그것도 배우자가 원할 때 기꺼이 내 몸을 주장하게 한다는 것은 인내와 섬김이 없으면 불가능한 것이다. 젊어서는 부부가 서로 바쁘고 피곤하다는 핑계로 잠자리를 피하고, 자녀를 키울 때는 시간도 없고 힘들고 지친다고 피하고, 늙어서는 귀찮다고 피하는 경우가 많다. 그러나 언제든지 신혼일 때나 늙을 때나 부부는 늘 함께 해야 하며 부부 생활을 지속적으로 성실하게 감당해야 하는 것이다.

젊어서는 어느 정도 가능할지 모르지만 늙어서 죽을 때까지 서로의 몸을 주장하게 하는 것은 성숙한 부부애를 쌓아가지 않으면 할 수 없는 어려운 것이다. 또한 남편의 외도로 인해 아내들의 마음이 평생 한으로 남아서 결국은 황혼이혼에 이르는 불행을 초래하는 경우가 비일비재하다. 부부의 성생활은 늙어서도 계속적으로 이루어져야 한다. 자신을 위해서가 아니라 배우자를 행복하게 해주고 만족을 주도록 노력하기 위함이다.

선진국에서 흔하게 볼 수 있는 광경들이 있는데 노부부가 서로 손을 정답게 잡고 다니는 모습이다. 아내의 손을 꼭 잡고 쇼핑도 같이 하고 여행도 함께 하는 풍경이 아주 행복해 보인다. 그러나 우리나라에서 노부부들이 손을 꼭 잡고 정답게 다니는 모습은 그렇게 흔히 볼 수 있는 장면들이 아닌 것 같다. 손을 잡고 다니는 것이 아무것도 아닌 것 같아 보이지만 부부애를 극대화시킬 수 있는 좋은 행동이다. 결혼생활을 오래한 부부일수록 성생활도 더 성숙하게 이루어져야 한다. 그러나 나이 들수록 배우자를 기쁘게 해주고 즐겁게 해주는데 너무 인색한 것 같다.

우리나라에 기러기 아버지들이 많이 있다. 자녀들의 교육을 위한 아버지들의 헌신은 놀라울 정도이다. 그러나 아무리 아내가 요구를 해도 가정의 제사장 역할을 감당해야 할 남편이 가정의 질서를 잘 세워가야 한다. 세상 사람들의 교육법을 좇는 것이 중요한 것이 아니라 우리가 지금 하나님께서 원하시는 모습대로 살아가는지를 늘 점검해야 한다. 가족은 함께 살면서 부부의 정을 나누고 자녀들은 그런 모습을 통해서 미래의 가정을 어떻게 만들어 가는지를 배우게 되기 때문이다. 물론 어머니들도 마찬가지이지만 자녀교육 못지않게 더 중요한 것이 부부의 사랑을 지키는 것이어야 한다. 실력위주의 교육보다 자녀들의 인성교육이 얼마나 중요한지 알아야 한다. 부모가 화목하게 사랑하면서 지내는 모습이 자녀들의 인격을 바르게 형성시킬 수 있는 좋은 방법이다. 갈수록 거세지는 성개방의 물결이 몰려올 때 우리는 하나님께서 원하시는 부부의 사랑을 노력하면서 지켜나가야 한다. "아름다운 애정생활"에서 저자 팀 라하이는 '성행위가 남편에게는 성적충동을 만족시켜 주고 사내답게 하며 아내에 대한 사랑을 증진시켜주고 가정의 불화를 감소시키며 인생의 가장 황홀한 경험을 갖다 준다'고 했다. 또한 '아내에게는 여성다움을 자극하고 충족시켜 주며 남편의 사랑을 재보장해 주고 여성의 성적 충동을 만족시켜 주며 여성의 신경조직을 쉬게 하고 인생의 가장 감명 깊은 경험을 가져준다'고 했다.

하나님께서 부부에게 허락하신 성생활은 서로의 헌신과 노력을 통해서 하나 되는 훈련을 하는 것이다. 어느 누구하고도 나눌 수 없는 긴밀하고도 친밀한 관계를 통해서 서로의 애정과 사랑이 샘솟게 되는 것이다. 사단이 틈타지 않도록 서로의 의무를 성실하게 감당해야 한다. 특별히 아내들은 남편들이 성욕에 의해 죄를 짓지 않도록 세심한 주의를 기울여야 한다. 하루 종일 자녀들 키우랴 살림하랴 여러 모양으로 힘들겠지만 남편을 위해서 힘을 잘 비축해 놓아야 한다.

젊은이들이 결혼을 위해서 많은 시간과 물질을 투자한다. 남자는 대부분 살 집을 장만하고 여자는 집에 들어갈 가구와 필요한 모든 살림살이를 준비한다. 또한 예물과 예단도 부담감을 안고 힘들게 준비한다. 그러나 결혼 이후의 삶을 위해서는 얼마나 많이 준비하고 있는지 생각해 볼 문제인 것 같다. 죽을 때까지 함께 살아야 하는 결혼생활을 아무 준비 없이 시작한다면 결코 행복한 결혼생활을 유지할 수 없기 때문이다. 제대로 된 결혼교육도 받지 않고 결혼에 관한 서적도 읽지 않고, 결혼을 위해 노력하는 것이 없다면 다시 한번 반성하는 기회를 삼아야 한다. 왜냐하면 세상은 경건한 가정들을 만들어 내는 것이 아니라 혼란스럽고 비통한 삶을 만들어 내기 때문이다.

결혼을 하기 전에는 어떠한 일이 있어도 성관계를 해서는 안 된다. 비록 결혼날짜를 정했다고 해도 결혼식이 주는 의미는 상당히 중요한 것이다. "스스로 속이지 말라 하나님은 만홀히 여김을 받지 아니하시나니 사람이 무엇으로 심든지 그대로 거두리라"(갈 6:7). 결혼 전부터 순결을 지키지 못하고 불순종을 하게 되면 심는 대로 거두는 일을 경험하게 될 것이다. 사람은 속일 수 있지만 하나님은 결코 속일 수 없기 때문이다. 세상의 방법은 피임을 하게하고 부모들과 주위사람들을 속이지만 결혼 전부터 하나님과의 관계가 흐트러지는 것이 되기 때문에 절대로 몸을 내어주어서는 안 된다. 결혼 전에 서로의 순결을 지켜주지 않는 상대라면 다시 한번 생각해 보아야 한다. 결혼 후에는 더 많이 지켜주고 힘써야 할 것이 많은데 절제하지 못하는 행동은 어리석은 것이다. 만약에 결혼 전에 순결을 지켜주지 못했다면 하나님께 철저하게 회개하는 기도와 함께 서로의 잘못을 용서하는 시간을 가져야 한다. 평생 이런 문제들이 결혼생활의 어두운 그림자가 되어서 괴롭히기 때문이다.

그리고 결혼 후에는 서로를 즐거워하고 기뻐해야 하는 의무가 따르기 때문에 부부의 관계를 잘해야 한다. 사단이 틈타지 않도록 서로를 지켜주어야 하며 절제하는 행동을 통해서 하나님께서 주시는 평안과 만족을 누릴 수 있어야 한다. 부부초년생이 얼마나 성생활을 잘할 수 있겠는가? 서로가 인내를 가지고 끊임없는 관심과 사랑을 통해서 노력해야 하는 것이고 자기 자신을 내어주는 것을 두려워해서는 안 된다. 믿고 신뢰하고 아껴주고 서로의 유익과 기쁨을 위해서 헌신해야만 한다.

성경은 남편과 아내의 관계를 그리스도와 교회의 관계로 비유하셨다. 이 비밀은 말로 표현할 수 없는 신비한 것이다. 부부의 삶을 통해서 하나님을 더욱 더 알아가는 것이고 하나 되는 일들이 신묘막측한 것이다. 부부에게 주신 거룩한 성생활은 주님께서 기뻐하시는 것이다. 주님이 만드시고 허락하셨기 때문에 신비한 것이고 선한 것이고 좋고 유익한 것이다. 우리들 마음대로 사용하는 것이 아니라 반드시 하나님의 의도로 아름답게 쓰여질 때 행복한 결혼생활을 유지할 수 있을 것이다. 이 땅의 기독교 가정들이 순결함의 본이 되어 문란한 세상을 정화하는 도구가 되기를 소망한다.

10장_ 경건한 언어생활

사람과 동물의 차이는 언어사용에 있다. 동물들은 울음소리로 의사소통을 한다. 그러나 하나님께서는 오직 사람들에게만 분명하고도 명확한 의사소통의 도구로 언어를 주셨다. 에덴동산에서의 언어가 무슨 말이었는지는 아무도 모른다. 그러나 말씀하시는 하나님의 형상으로 지음 받은 인간은 하나님과 교통하는 즐거움을 가지게 되었다. 비록 타락한 후에 그 황홀함이 사라지기는 했을지라도 예수 그리스도 안에서 하나님과 화목케 된 성도들은 하나님과 교제하는 특권을 가진 자들이다. 성도만이 가지는 이 특권 외에 모든 인간은 의사소통을 통하여 만물을 다스리고 정복하는 남다른 재주를 발휘하고 있다. 이것이 인간을 만물의 영장이 되게 하는 일등 공신이다.

그러나 사람들이 사용하는 말은 종족들이 사용하는 언어들의 소리와 문법의 차이가 큼이 아니라 표현의 질적인 차이가 너무나 크다. 요즈음 지하철이나 버스 등의 공공장소에서 사람들이 하는 말들을 들어보면 황당할 때가 한 두 번이 아니다. 말인지 욕인지, 싸우는 것인지 대화를 하는 것인지 도저히 이해할 수 없는 저질언어들이 난무하고 있다. 언어의 혼탁이 심각해서 젊은이들의 언어는 어른들이 이해할 수가 없는 경우가 많다. 성도들조차도 세상의 유행되는 난잡한 언어들을 무분별하게 사용하는 현상이 농후하다. 기독교인은 분명 세상 사람들과는 다른 하나님의 언어(십자가에 못 박힌 언어)를 사용할 수 있어야 한다. 결혼 전과 결혼 후의 언어가 다르듯이 기독교인과 비기독교인은 언어사용에 있어서 분명하게 달라야 한다. 오순절 성령 강림 때에 성령이 충만하여 새로운 방언으로 하나님 나라의 일들을 말하게 된 초대교회 성도들이 그 예다. 예수를 믿으면 같은 한국말일지라도 성령에 의해서 새롭게 된 말을 할 수 있게 된다.

'말하기는 더디하고 듣기는 속히 하라'는 말씀을 통해서 우리들이 먼저 할 일은 듣는 것을 잘하는 것이다. 어려서는 부모의 말을 잘 들어야 한다. 그 속에서 좋은 언어 사용의 습관이 형성된다. 자녀를 사랑하는 부모의 말을 통해서 아이는 성숙한 언어를 잘 구사할 수 있는 능력을 키워갈 것이다.

그러나 언어학대를 받으며 자란 아이는 제멋대로 표현하여 다른 사람들을 당황하게 만들 수 있다. 사람들이 어떤 말을 하는가에 따라 그 사람의 인격을 알 수가 있다. 말 한마디로 천 냥 빚을 갚는다는 속담도 있듯이 말의 위력은 엄청난 것이다. '우리가 다 실수가 많으니 만일 말에 실수가 없는 자면 곧 온전한 사람이라 능히 온 몸도 굴레 씌우리라'(약 3:2). 내가 하고 싶은 말만 하는 것이 아니라 꼭 해야 할 말들을 지혜롭게 때와 장소를 가려서 할 수 있어야 한다. 늘 상대방을 배려하며 힘을 실어줄 수 있는 언어가 되어야 한다. 아무 생각 없이 던진 말 한마디가 사람의 가슴에 한으로 맺히게 되는 경우가 많기 때문이다. 가정에서의 언어교육이 평생 그리스도인답게 살아갈 수 있는 모토가 되었으면 한다. 결혼 전과 결혼 후의 언어, 부부의 언어, 부모와 자녀간의 언어, 처가와 시댁식구들과의 언어를 살펴보며 성도들의 올바른 언어습관을 만들어 갈 수 있기를 소망한다.

1. 결혼 전과 후, 존칭어의 시작

결혼 전에는 청춘남녀가 수많은 만남의 시간을 통해서 서로를 알아가고 대화를 나누며 서로의 꿈과 이상을 펼치기도 한다. 이때에 사용하는 언어를 통해서 상대방의 인격과 성품을 알 수 있는 좋은 기회를 갖는다. 서로를 이해하며 격려해주는 사랑의 언어는 두 사람의 만남을 질적으로 향상시켜 줄 것이다. 호칭은 친구일수도 있고 선후배 사이일 수도 있고 본인들이 선호하는 다양한 호칭들이 오고 갈 것이다. 그러나 무엇보다도 중요한 것은 서로를 인격적으로 대해주는 언어를 조심스럽게 사용해야 한다는 것이다. '사연을 듣기 전에 대답하는 자는 미련하여 욕을 당하느니라'(잠 18:13). 상대방의 말을 잘 경청하는 훈련은 너무나 소중한 덕목이다. 그러나 내가 듣고 싶은 말만 들어서 오해를 사는 경우가 많다. 결혼 전에 배우자를 충분히 알기 위해서는 잘 들어주면서 이해하는 시간들을 가져야 한다. 자기를 내세우는 말보다 진실이 담긴 솔직한 심정으로 깊은 대화의 시간을 보내야 한다. 서로를 잘 알지 못하면 결혼 후에 부딪히는 일들이 많기 때문이다.

교만한 사람은 절대로 다른 사람들의 말을 잘 경청해 주지 않는다. 자기 하고 싶은 말만 하는 사람은 다시 한번 생각해 보아야 한다. 서로를 알아가기 위해서는 충분한 대화가 있어야 한다. 언어에는 모든 것이 함축되어있기 때문에 어떤 말을 하는가에 따라 상대방을 행복하게 해줄 수도 있고 마음 아프게 할 수도 있다. 또한 언어의 습관에 따라 더 나은 사람을 만들 수도 있고 그렇지 않을 수도 있다. 내 말이 상대방에게 좋은 영향을 줄 수 있도록 늘 겸손하고 덕스러워야 한다. 결혼 전의 교제는 서로를 충분히 알아가고 이해하는 수준을 높이는 단계에 이르러야 한다. 그러기 위해서는 많은 시간을 투자해야 하는데 먹고 놀고 즐기는 시간보다는 서로의 마음을 열고 대화하는 시간을 가져야 한다. 결혼해서 평생 죽을 때까지 함께 살아야 하는데 서로를 잘 알지 못하면 불행의 길을 자초할 수 있기 때문이다. 상대방의 가족들도 잘 알아야 하고 때로는 배우자의 친구들도 만나서 어릴 때

이야기도 들을 수 있어야 한다. 어떠한 친구를 사귀냐에 따라 상대방을 평가할 수 있는 기회가 되기 때문이다.

결혼 후에는 어떤 언어를 사용해야 합당한가? 이제 아내와 남편이 되었기 때문에 서로에 대한 호칭이 달라야 한다. 부부 사이에만 쓸 수 있는 호칭인 '여보'를 사용할 수 있어야 한다. 애정 어린 호칭(영어의 다링, 하니, 스위티 등)이나 상대방을 하대하기보다는 높이는 말을 사용할 수 있어야 한다. 서로를 존중하며 세워주고 격려하는 언어를 사용하려고 노력해야 한다. 하루아침에 바뀌는 것이 아니기 때문에 늘 생각하면서 상대방을 배려하는 마음이 깊어져야 한다. '너는 이제 내 것이' 되었기 때문에 함부로 해도 된다는 사고방식은 쓰레기통에 버려야 한다. 둘이 한 몸이 된 부부이기에 서로에게 예의를 갖추어야 한다. 그렇지 않으면 가장 가까운 사이가 배려 없는 언어와 행실로 인해 가장 먼 사이로 변할 수 있기 때문이다. 결혼 전에는 어떤 말을 해도 사랑을 전제로 이해하려고 노력한다. 그러나 결혼 후에는 작은 일에 상처를 받으며 괴로워하는 것이 부부이다. 결혼 전에는 서로가 다른 것에 매력을 느껴서 결혼을 한다. 그러나 결혼 후에는 그 다른 것으로 싸우는 일이 비일비재하다. 그러므로 서로의 다른 것을 이해하고 품을 줄 알아야 한다. 단점을 말해서 덕을 보는 사람은 이 세상에 아무도 없다. 그래서 부부는 서로의 단점을 감싸주고 장점을 키워주는 언어훈련을 해야 한다. 성숙한 부부가 되기 위해서는 서로의 언어훈련이 얼마나 중요한지를 절실히 깨달아야 한다. 노력하지 않고 저절로 이루어지는 법은 없다.

서로가 존칭어를 사용하는 것이 좋다. 반말을 하는 것은 존경심이 우러나오기가 어렵기 때문이다. 아내가 남편보다 나이가 많아도 남편을 존경해야 하기 때문에 존칭어를 써야 하며 남편도 아내가 비록 어린 나이라 하더라도 함부로 반말을 사용해서는 안 된다. 부부는 대의를 지키며 언어와 모든 행실에 책임을 져야 하는 것이다. 결혼식 때 죽음이 우리를 갈라놓을 때까지 함께 하겠다고 목사님 앞에서 하나님께 맹세한 사람들이 어느새 돌아서서 서로가 맞지 않는다고 이혼하는 가정이 수도 없이 많다. 교회 안에서도 이혼가정을 쉽게 만날 수 있다. 본인이 하나님 앞에 맹세한 것도 지키지 못하는 사람이라면 더 이상 무엇을 그에게 바랄 수 있겠는가? 결혼을 했다는 것은 우리 둘 만의 문제가 아니라 양가의 부모님부터 시작해서 친척들에 이르기까지 관계가 확장 되면서 책임 있게 행동하는 사회인이 된 것이다. 그래서 절대로 싸우면 안 되는 것이다.

사단은 틈만 보이면 언제든지 부부 사이를 갈라놓으려고 하기 때문에 늘 깨어서 서로를 위해 기도하며 지켜주어야 하는 것이 부부이다. 서로가 다른 환경과 배경에서 자라왔기 때문에 싸울 소재는 너무나도 많다. 너무나도 다른 여자와 남자가 서로 이해하지 못하면 날마다 불편한 마음으로 생활해야 할지도 모른다. 아주 사소한 것이라도 소홀히 해서는 안 된다. 서로에게 화를 내거나 소리를 지르는 일은 마음의 상처를 남기기 때문에 어떠한 일이 있어도 참아내는 훈련이 필요하다. 결혼은 인내를 배우면서 서로를 겸손하게 만들어 가는 것이다. 내가 잘났다고 아무리 말해봤자 둘이 똑같은 사람이 될 수밖에 없는 것이다. 왜냐하면 부부는 한 몸이기 때문이다. 이제 한 배를 탔기 때문에 비바람이 몰아치고 풍랑이 닥쳐와도 둘이 힘을 합해서 살아남아야 하고 그 배에 다른 사람들도 많이 태워서 살리는 일들을 해야 한다. 우리 둘만 행복하게 사는 것이 결혼이 아니라 우리부부 때문에 다른 많은 사람들도 행복하게 사는 것이 결혼이다. 이러한 책임을 감당해야 한다.

부부가 이혼하면 그 자녀들은 곧 고통가운데 험난한 길을 걸어가게 될 것이다. 또한 자식으로서는 지금까지 사랑으로 돌보며 모진 고생을 감당하며 키워주신 부모님 마음에 대못을 박는 일을 저지르게 되는 것이다. 그러니 어떠한 일이 있어도 서로를 격려해주며 칭찬하며 세워주는 언어를 많이 사용해서 풍성한 결혼생활을 누려야 한다.

2. 남편과 아내, 사랑의 표현

결혼과 동시에 부부에게는 많은 책임과 의무가 부여된다. 신분이 달라진 것이다. 아내와 남편이 되어서 죽을 때까지 함께 먹고 자며 모든 일들을 공유하며 살아가게 된다. 혼자서 자유롭게 살다가 배우자의 간섭과 제재를 받으면서 산다는 것은 여간 불편한 일이 아닐 수 없다. 그동안 무엇이든 내 형편에 따라 살아왔지만 이제는 남편과 아내를 생각하면서 서로의 시간을 맞추어야 한다. 남편은 아내를 맞이하기 위해서 결혼 전에 많은 시간과 물질을 투자하여 내 사람으로 만들었다는 안도감을 가질 것이다. 그리고 새로운 일들을 향해 질주할 차비를 할 것이다. 이때에 가장 중요한 것은 사랑의 언어가 결혼과 함께 끝나는 것이 아니라 계속 되어야 한다는 것이다. 연애할 때는 하루에도 몇 번씩 사랑 한다고 말하던 남편이 결혼하고 나서는 말 하지 않을 때 아내들은 좌절감을 느낀다는 것을 알아야 한다. 서양에서는 부부가 부르는 호칭이 darling(달링: 가장 사랑하는 사람), sweetheart(스윗하트: 달콤하고 사랑스러운 사람), honey(허니: 꿀처럼 단 사람)등 예쁘고 사랑스러운 호칭들을 늙을 때까지 사용한다. 물론 우리나라의 여보, 당신이라는 호칭과 비슷한 것이지만 듣기만 해도 행복하지 않은가? 평생 배우자에게 이러한 호칭을 불러준다는 것은 쉬운 일이 아니다. 그러나 부부이기에 가능하다. 달콤하고 아름다운 언어는 그 사람을 행복하고 즐겁게 만들어 준다는 것을 알아야 한다. 내 아내이기에 예쁘고 사랑스럽고 귀여운 것이 아닌가! 평생 그러한 마음가짐을 가지고 대하는 것이 부부의 도리라고 생각한다. 배우자에게 자녀들의 이름을 넣어서 누구엄마, 누구아빠라고 하는 호칭은 바람직하지 않다. 평생 배우자를 부르는 호칭은 신혼 때부터 연습을 해서 자연스럽게 입에서 나오도록 하는 노력이 필요하다. 이러한 작은 노력이 서로를 신뢰하고 믿음이 가도록 만들어 줄 것이다.

또한 대화를 나눌 때는 눈을 보면서 하는 것이 필요하다. 결혼생활을 오래한 부부일수록 서로가 눈을 마주보며 대화하는 것에 익숙하지 않다고 한다. 아마도 결혼 후에 서로 바쁘고 힘들어서 대화하는 시간을 많이 할애하지 못하고 삶에 지쳐 여유로운 시간을 가지지 못한데서 기인 한 것이다. 그러나 부부는 평생 대화를 통해서 모든 문제를 해결해야 하는 고차원적인 관계이기에 신혼 초부터 잘 훈련되어야 한다. 아무리 바쁘더라도 날마다 서로의 마음을 나누어야 하고 느낀 점을 말해주어야 한다. 자녀들을 키우는 부모라면 더 많은 대화가 필요하다. 남편은 밖에서 일어난 일들을 아내에게 말해주어야 하고 어려운 일들은 기도부탁을 해서 함께 풀어가는 지혜를 배워야 한다. 아내는 남편의 돕는 배필이다. 남편을 가장 잘 도와줄 수 있는 아내를 하나님께서 주셨기 때문에 100% 활용하는 사람이 되어서 부부의 사랑을 돈독히 해야 한다.

아내들도 가정이나 집에서 일어난 일들을 남편이 알도록 말해주며 서로 가정을 함께 꾸려나가야 한다. 부부가 대화하는데 마음에 공유하는 것 없이 겉돌게 되면 시간이 흐를수록 마음의 문은 서서히 닫히게 되는 것이다. 배우자와는 말이 통하지 않는다고 친구나 동료나 다른 사람들에게 하소연하며 도움을 청하는 부부들이 의외로 많다. 그러나 부부이기에 서로의 마음을 열고 격려하고 위로해주는 언어생활은 분명히 결혼생활의 큰 활력소가 될 것이다.

"다투는 여인과 함께 큰 집에서 사는 것보다 움막에서 혼자 사는 것이 나으니라"(잠 21:9). 부부싸움은 행복을 쉽게 빼앗아 가는 적이다. 행복하게 살려고 결혼한 것이기에 적군들이 다가오면 물리치는 힘을 키워야 한다. 배우자가 화가 난 상태인 것을 분명히 알면서 도리어 불을 붙이는 어리석은 사람이 되어서는 안 된다. 싸움도 둘이 있어야 가능한 것이지 혼자서는 싸움이 안 되는 것이다. 결혼 전에 혼자 편히 살았는데 사사건건 배우자가 간섭하고 잔소리한다고 시비를 거는 모양새는 좋은 것이 아니다. 상대방의 말을 들어주고 왜 화가 났는지 이해할 수 있어야 한다.

"유순한 대답은 분노를 쉬게 하여도 과격한 말은 노를 격동하느니라 지혜 있는 자의 혀는 지식을 선히 베풀고 미련한 자의 입은 미련한 것을 쏟느니라 여호와의 눈은 어디서든지 악인과 선인을 감찰하시느니라 온량한 혀는 곧 생명 나무라도 패려한 혀는 마음을 상하게 하느니라"(잠 15:1-4). 하나님께서 짝지어주신 배우자를 함부로 대하는 태도는 죄를 짓는 것이다. 심술 섞인 말이나 뒤틀린 말들을 부부간에 절대적으로 삼가야 한다. 언어학대는 사람들을 비참하게 만들고 좌절감으로 인해 부부 사이가 점점 악화되기가 쉽기 때문이다. 한 사람이 화가 나 있으면 다른 한 사람은 한 템포 늦추는 지혜를 배워야 한다. 부부는 싸우는 사이가 아니라 사랑하는 사이이기 때문에 서로 양보하며 참아내야 한다. 상대방의 마음을 달래주고 진정시켜주는 온량한 혀를 적절하게 사용할 줄 알아야 한다. 한평생 살을 맞대고 같이 살아야 할 부부에게 이러한 노력 없이 행복이 찾아온다는 것은 불가능한 일이다. 부부간의 언어는 시간이 흐를수록 더 달콤해야 하고 진실이 묻어 나와야 한다. 아름다운 언어를 더 많이 개발해야 한다. 그런 서로의 노력과 헌신이 없이는 풍요로운 대화를 할 수가 없기 때문이다.

결혼 초부터 올바르고 은혜로운 언어 사용을 위해 기도해야 한다. 성령님의 도움을 받으며 혀에 재갈을 먹여야 할 것이다. 성령께 지배 받는 부부의 언어생활을 통해 천국을 소유하는 행복한 삶이 이루어 질 것이다. 또한 결혼 후에 자녀가 태어나기까지 빠르면 1년이라는 세월이 걸린다. 그 안에 부부간에 호칭문제도 해결되어야 하고 아름답고 진실한 말로 서로를 사랑하고 배려하는 분위기로 만들어 가야 한다. 경건한 분위기를 만들어가기 위해서 늘 깨어서 기도하는 성숙한 사람이 되어야 한다. 아기가 태어났는데도 서로 싸우고 의견충돌로 인해 집안이 시끄러우면 자라나는 아이에게 치명타가 되기 때문이다. 부모가 된다는 것은 엄청난 축복이기 때문에 아무런 준비가 없다는 것은 아주 무책임한 행동이다.

하나님께서 주신 귀한 선물을 내 방식대로 키우는 미련한 부모가 되어서는 안 된다. 그러하기에 부부 사이가 서로 존중하고 사랑하는 언어생활로 잘 준비되어서 자녀에게 그리스도의 향기를 맡을 수 있도록 해야 한다. 예를 들면 '사랑해요 여보', '당신이 저에게는 하나님이 주신 최고의 선물이에요', '죽을 때까지 당신만을 사랑할게요!, '당신이 나에게는 너무 소중하고 귀하고 아름다운 아내랍니다', '이 세상에서 당신처럼 예쁜 사람은 없어요', '내 남편이 되어주어서 너무 고마워요', '당신이 너무 멋있고 훌륭하고 당신을 존경해요!' 이러한 말들이 오고 갈 때 자녀는 달콤함과 행복함을 느끼게 된다. 부모가 한평생 살면서 자녀들 앞에서 달콤하고 아름다운 언어를 쓰지 않는데 자녀들이 아름답고 예쁜 말들을 배우며 사용할 수 있다는 건 있을 수 없는 일이다. 가르친다고 되는 것이 아니라 보고 느끼면서 배우는 것이 평생 가는 것이다. 쑥스럽고 부자연스러워도 그리스도인이라면 노력해서 좋은 것들을 내 것으로 만들어야 한다.

예수님께서 냄새 나고 추악한 우리들을 사랑한다고 얼마나 많이 고백하셨는가? 성경을 보면 예수님의 사랑은 말로 다 형용할 수 없는 엄청난 것이기에 우리도 예수님처럼 말하며 행동해야 하는 것이다. 나이가 들수록 편한 것에 익숙해서 좀처럼 바꾸는 것을 주저할 때가 많다. 그러나 하나님이 기뻐하시고 원하시는 것이라면 내가 불편해도 바꾸어야 하지 않겠는가? 아내와 남편의 관계는 너무나 소중하고 아름답고 귀하기 때문에 많은 노력과 수고를 통해서 행복을 만들어가야 한다. 이 세상에서 최고로 아름답고 사랑스러운 언어를 가정 안에서 마음껏 사용해서 천국의 경험을 조금이나마 누릴 수 있어야 한다.

3. 부모의 언어습관 – 아이들의 거울

자녀는 하나님께서 주신 귀한 선물이다. 부부가 더 성숙해지려면 자녀와의 관계형성이 잘 되어야 한다. 부모들이 자녀들과 잘못된 관계로 인하여 죽을 때까지 얼마나 많은 아픔과 고통을 겪고 있는지 모른다. 결코 하나님은 우리들을 고통가운데 빠뜨리기 위해서 자녀를 준 것이 아니다. 그들로 인해 늘 감사하고 행복해하며 기쁨으로 살아가기 위해 주셨다. 그러나 아이들로 인한 문제들은 부모가 이 사명을 감당하지 못하고 책임을 회피함으로 겪는 것들이 대부분이다.

아이의 모든 것은 가정에서부터 출발하는 것이다. 가정에서 아이의 인격과 성품이 만들어 진다. 아이가 태어나자마자 말을 하는 것이 아니라 부모의 입에서 나오는 말을 듣는 것부터 시작한다. 부모가 무슨 말을 어떻게 하는가에 따라 아이의 언어가 결정되는 것이다. "무릇 더러운 말은 입밖에도 내지 말고 오직 덕을 세우는데 소용되는대로 선한 말을 하여 듣는 자들에게 은혜를 끼치게 하라"(엡 4:29). 가정에서의 경건한 언어 사용이 아이들의 영혼을 살리는 지름길이 될 수 있다. 하나님께로부터 온 아이들이기 때문에 부모가 늘 하나님이 말씀하는 것 같이 해야 되지 않겠는가? 이것이 불가능한 일이라고 생각하지는 않는다. 우리에게 자녀를 맡기셨다는 것은 할 수 있기 때문에 하나님이 맡겨 주신 것이라고 생각한다. 그래서 아이는 말하는 것부터 시작하는 것이 아니라 듣는 것부터 훈련 받게 되는 것이다.

부부가 사랑의 언어를 사용하면 자녀들은 심령의 안정을 경험할 것이다. 아이가 밖에서 놀다가 더러운 것을 묻혀서 집에 들어오면 어머니가 깨끗하게 닦아주거나 빨아주는 것이 정상적인 부모의 모습이다. 이와 마찬가지로 세상에서 온갖 더러운 말들을 듣고 집에 들어오면 반드시 언어를 정화시키는 작업이 필요하다. 부모를 주신 것은 이때를 위함일 것이다. 부모가 없는 아이는 자기 멋대로 말하고 행동한다. 그러나 부모가 집에 있는 자녀는 그 언어를 고쳐 바르게 사용할 수 있도록 가르침을 받으며 성장해 간다. 죽을 힘을 다해서 자녀들의 언어를 지켜주지 않으면 사단은 우리 아이들의 사고를 세상적인 모든 것에 쉽게 물들어가도록 만들어 버릴 것이다. 훌륭한 인격을 지닌 고상한 아이로 키우는 것은 저절로 되는 것이 아니다. 부모가 100% 책임을 지고 수고와 노력을 기울여야 한다.

또한 다정다감하게 부드러운 말씨를 가르쳐서 은혜로운 말들을 하게 하여야 한다. "너희 말을 항상 은혜 가운데서 소금으로 고루게 함 같이 하라 그리하면 각 사람에게 마땅히 대답할 것을 알리라"(골 4:6). 소금은 모든 음식들을 맛있게 만들어 주는 역할을 한다. 우리가 나물을 무칠 때 필요한 것이 소금이다. 그러나 소금이 맛있다고 하는 사람은 없다. 나물이 너무 맛있다는 표현을 사용한다. 언어도 마찬가지이다. 자기보다는 자신의 말을 듣는 사람이 위로를 받고 힘을 얻는 것이다. 다른 사람을 배려하는 심성을 지니지 않고서는 이러한 말을 하기가 쉽지 않다. 자녀들이 다른 사람들을 그리스도의 사랑을 가지고 볼 수 있는 마음을 가지도록 훈련 받게 해야 한다.

어릴 때는 부모와 함께하는 시간을 많이 가져야 한다. 지적인 판단이 부족하여 세상의 문화를 쉽게 받아들일 수 있기 때문이다. 쉬운 것은 금방 배우는 것이 사람들의 습성이다. 아무런 힘을 들이지 않아도 몸에 배어서 자연스럽게 나오기 때문이다. 그러나 경건한 언어 사용은 노력 없이 저절로 입에서 나오지 않는다. 좋은 마음을 가져야 하고 건전한 생각이 늘 있어야 한다. 무엇보다도 하나님을 사랑하는 믿음을 소유하는 것이 가장 중요할 것이다. 그러나 자녀들에게 하나님을 알게 하기까지는 부모들의 인내와 영적인 수고가 거듭되지 않으면 거의 불가능하다. 말은 한번 뱉으면 다시 주워 담을 수 없는 특성이 있다. 그래서 함부로 말하는 습관을 가지면 성숙한 사람이 되기 어렵다.

"내 사랑하는 형제들아 너희가 알거니와 사람마다 듣기는 속히 하고 말하기는 더디 하며 성내기도 더디 하라 사람의 성내는 것이 하나님의 의를 이루지 못함이니라"(약 1:19-20). 부모가 말을 하면 자녀는 잘 경청하도록 훈련을 시켜야 한다. 듣는 훈련이 잘 된 아이는 생각하는 능력을 가질 수 있으며 참고 인내하는 마음을 기를 수 있다. 그러나 듣는 훈련이 되지 않으면 성격이 급하고 고집이 센 아이로 자랄 수밖에 없다. 화를 잘 내는 부모 밑에서 자란 아이가 화를 쉽게 낸다. 화는 전염성이 빠르기 때문에 위험하다. 어린 자녀들은 부모에게 받은 분노를 스스로 제거할 수 있는 능력이 없기 때문에 늘 깨어서 조심해야 한다. 때로는 부모에게 품은 분노로 인해서 어른이 되어도 정상적인 삶을 살지 못하는 사람들이 많다. 어린 자녀에게 심한 말을 하거나 소리를 지르는 행위는 삼가야 한다. 자녀에게 독이 들어있는 음식을 먹이는 부모는 이 세상에 아무도 없을 것이다. 언어도 마찬가지이다. 독이 잔뜩 담긴 욕이나 심한 상처를 주는 언어는 자녀들의 심령을 상하게 하는 엄청난 사건이다. 그런 말들로 자녀들이 올바르게 성장할 수 있는 기회를 박탈해서는 안 된다. 사랑을 먹고 자라나야 할 시기에 충분한 사랑을 공급받지 못하는 아이가 된다면 그것보다 더 불행한 일이 어디 있겠는가?

세상에 좋은 것을 다 경험하게 해주고 많은 물질을 투자하여 교육을 시킨다고 해서 그 아이가 제대로 자랄 수 있다고 보장할 수는 없다. 무엇보다도 중요한 것은 아이의 심령이 그리스도를 품은 온화하고 겸손한 마음이어야 한다. 온유한 사람은 그리스도인의 아름다운 향기를 드러내는 자이다. 또한 허물을 들추어내는 언어는 삼가야 한다. 인간의 본성은 악하기 때문에 남의 허물을 보고 덮어주는 것은 쉬운 일이 아니다. 본 것에 덧붙여서 크게 확대시켜 말하고 싶은 것이 우리들의 못된 습성이다. 아이들에게도 이러한 마음이 있기 때문에 부모는 어떠한 일이 있어도 다른 사람들의 허물을 말하는 미련한 자가 되어서는 안 된다. 특히 목사님과 교사들의 허물을 말하는 것은 어리석은 일이다. 자녀들의 악한 것을 키워주는 부모가 아니라 악한 것은 생각도 하지 않도록 만드는 훈련을 해야 한다. 허물을 들춰내는 것은 부정적인 사람으로 만들기 때문에 아주 위험한 것이다. 칭찬하는 말들을 사용하도록 가르쳐야 하며 다른 사람들의 장점을 발견할 줄 아는 자녀로 키워야 한다. 모든 사람들과 함께 더불어 살며 친구를 만들어가야 한다. 단점을 말해서 친구들을 적으로 만드는 어리석은 아이가 되어서는 안 된다.

무엇보다도 부모들이 자녀에게 적절한 시기에 칭찬을 잘 해 주어야 한다. 아이가 칭찬받을 일을 했을 때 달콤하고 아름다운 언어로 말해주면 칭찬을 들은 아이는 모든 일에 자신감을 갖고 다음에 더 잘하려고 노력할 것이다. 그런데 칭찬 받을 만 함에도 어떤 좋은 말도 듣지 못한다면 실망과 함께 의욕을 상실할 가능성이 크다. 또한 자녀들의 말을 성의 있게 잘 들어주는 부모가 되어야 한다. 건성으로 들으면 자녀들을 알아가는데 어려움이 생기게 된다. 적어도 내 자녀이니만큼 잘 알고, 그들의 필요를 잘 채워주어야 한다. 아직 말 못하는 아이라도 나름대로 표현하는 능력이 있기 때문에 함부로 무시해서는 안 된다. 무슨 말을 하는지 잘 들어서 욕구를 충족시켜주어야 불만이 없이 마음이 따뜻한 아이로 성장할 것이다. 그리고 자녀들을 위해 많은 시간을 투자해야 한다. 우리들의 자녀는 한평생 부모와 함께 한 아름다운 추억들을 생각하면서 많은 힘을 받게 된다.

부모가 이 세상에 없어도 지난날의 소중한 추억을 기억하면서 힘들 때마다 위로를 받으며 살아가는 사람들이 많다. 그렇기 때문에 그 어느 것보다 자녀들과 함께 아름다운 추억을 만들어 가는 시간은 아주 값진 투자가 될 것이다. 늘 자녀를 어루만져주어야 한다. 너는 나에게 하나님이 주신 소중하고 귀한 선물이라고 말해주면서 아이가 소중한 존재임을 느끼도록 해야 한다. "선한 말은 꿀 송이 같아서 마음에 달고 뼈에 양약이 되느니라"(잠 16:24). 자녀들에게 마음과 몸이 건강한 언어를 적절하게 잘 사용하는 부모가 되도록 노력을 기울어야 한다.

부모가 자녀들에게 하루 종일 제일 많이 사용하는 단어가 "빨리해"라는 말이라고 한다. 빨리 하라는 것은 급할 때 쓰는 단어이다. 그러나 수시로 그 말을 남용해서 정말로 빨리 해야 하는 상황이 어떠한 상황인지 잘 모르는 경우가 많다. "네가 말이 조급한 사람을 보느냐 그보다 미련한 자에게 오히려 희망이 있느니라"(잠 29:20). 내가 아이들에게 어떠한 말을 제일 많이 쓰는지 노트에다 적어보자. 그래서 꼭 해주어야 할 말들이 무엇인지 생각하고 말을 점검하는 현명한 부모가 되었으면 한다. 그래서 우리의 자녀들이 하나님의 언어를 사용할 줄 아는 힘있고 능력 있는 아이가 되어서 세상을 이기는 자리에 나아가야 되지 않겠는가? 말에는 엄청난 힘이 있다는 것을 알고 하나님의 귀한 자녀로 살아갈 수 있도록 부모가 수고의 땀을 흘려야 한다.

4. 처가와 시댁, 이해와 배려

결혼 후에는 시댁과 처가와 관계를 잘 가져야 한다. 그러나 너무나 많은 시행착오를 겪으면서 고통스러워하는 사람들이 많다. 가문과 혈통이 다르기 때문에 적응하는 것이 쉽지가 않기 때문일 것이다. 양가의 부모님들과의 관계를 어떻게 하는가에 따라 행복지수가 높아질 수도 있고 낮아질 수도 있다. 성경에서 결혼은 시작과 동시에 부모를 떠나는 것이다. 부부의 독립된 가정을 이루어가야 한다. 그러나 부모님하고의 관계는 지속적으로 이루어지기 때문에 서로를 이해하지 않고서는 힘든 생활을 할 수 밖에 없다. 결혼과 동시에 부모공경이 끝나는 것이 아니기 때문에 결혼한 자녀들에게는 큰 부담이 될 수 있다. 요즈음 같이 바쁘게 살아가는 부부들은 더욱 더 부모들에게 소홀히 할 수 있다. 물론 우리 부모들도 결혼한 자녀들에게 부담을 주는 행동이나 언어는 삼가야 한다. 그들은 새내기 부부로서 겪어야 할 일들이 너무나 많기 때문이다.

서로를 알아가는 공부를 많이 해야 하기 때문에 어느 누구에게도 방해 받는 일들이 없어야 한다. 부모님들이 너무 많은 기대를 가지고 있으면 잘하려고 하는 것도 오히려 잘하지 못하게 되는 경우가 있다. 시간의 여유를 가지고 기다려주는 훈련이 부모님들에게 절실하게 필요하다. 결혼한 자녀들에게 모든 것을 선택할 수 있는 자유를 주어야 한다. 결혼 전에 하던 습관처럼 사사건건 간섭하는 것은 절대 금물이다. 결혼한 성인이 되었기 때문에 모든 결정권을 자녀들에게 넘겨주어야 한다. 때로는 그들이 하는 것을 보면 답답하고 안타까운 것도 많겠지만 자녀들의 성숙한 부부생활을 위해서는 침묵 해야 한다. 그리고 자녀들을 위해 하나님께 드리는 끊임없는 기도의 헌신이 날마다 이루어져야 할 것이다. 결혼한 자녀는 가정에 결정할 일이 있을 때 우선권이 배우자에게 있음을 명심하고 부모가 아니라 먼저 배우자의 의견을 충분히 따라야 한다. 아무리 부모가 옳다고 해도 배우자를 무시하는 언어는 삼가야 한다.

신혼부부들에게 배우자의 부모에게 사랑한다는 말을 하라고 하는 제의를 해본다. 그러나 쉽지가 않을 것이다. 평상시 자기 부모에게도 하지 않은 말을 시부모님이나 장인 장모님에게 한다는 것은 너무나 힘들 것이다. 그래도 배우자의 부모님을 평생 사랑해야 하기 때문에 처음부터 노력을 기울여야 한다. 부모이기에 하지 못할 다른 이유가 없는 것이다. 때로는 우리 마음에 들지 않아도 부모님을 공경하는 마음을 늘 가지고 있어야 한다. 그리할 때 부부관계도 아름답게 꽃을 피울 수 있다. 자기 부모님을 공경하고 사랑하는 배우자를 함부로 대하는 사람은 이 세상에 아무도 없을 것이다. 부모님들도 며느리나 사위를 사랑한다고 말해 줄 수 있어야 한다. 쑥스럽겠지만 언어의 표현은 놀라운 결과를 나타내는 경우가 많다. 힘들고 어려울 때 사랑한다는 말을 들은 자녀는 힘을 내어서 어려움을 잘 극복해 나갈 것이다. 그러나 관심과 사랑의 언어를 표현하지 않는 부모를 가진 자녀는 고난을 극복한다는 것이 너무 어렵게 느껴질 것이다. 그러기에 가장 예쁘게 느껴지고 사랑스럽게 느껴지는 결혼 초기에 자녀들에게 노력을 기울이자는 것이다.

결혼한 자녀들이 이혼하지 않고 평생 행복하게 사는 모습을 지켜보는 것이 부모들의 기쁨이요 즐거움이다. 그러나 가정을 파괴하고 혼란을 갖다 주는 사단이 틈을 노리고 있기 때문에 가정을 지킨다는 것이 쉬운 일이 아니다. 그렇기 때문에 이제는 우리 부모들이 힘을 실어 주어야 한다. 간섭을 하라는 것이 아니라 사랑의 표현과 기도의 헌신을 통해서 스스로 헤쳐 나갈 수 있도록 도와주자는 것이다. 말이 씨가 된다는 속담이 있다. 이것은 말에 능력이 있다는 것이다. '내 며느리가 되어주어서 고맙구나', '내 사위가 되어서 너무 행복하구나', '너희들 모습만 보면 대견스럽고 행복하구나', '잘 살아주어서 너무 기쁘다' 등의 언어는 자녀들에게 큰 기쁨이 될 것이며 부모들을 더 잘 공경할 수 있도록 편안한 마음을 주는 것이다.

이러한 노력 없이 시부모님과 며느리의 관계, 장인 장모와 사위 관계가 좋아지고 원만해진다고 생각하는 것은 욕심이다. 서로의 노력과 이해하며 사랑하는 단계를 거쳐야 행복을 만들어 갈 수 있는 것이다. 시어머니와 며느리 사이는 영원한 숙제이다. 며느리들은 "시"자가 들어가는 시금치도 안 먹는다는 말이 있다. 그만큼 시댁 식구와의 관계가 어렵다는 것이다. 같은 여성끼리 서로 돕고 격려하며 위로해 주는 사이가 되어야 하는데 그렇지 못한 것이 현실이다. 성경에는 룻과 나오미의 관계를 통해서 시어머니와 며느리의 좋은 모델이 제시되고 있다. 며느리는 시어머니를 사랑하고 시어머니는 늘 며느리 편에서 이해해주고 적극적으로 도와주는 믿음의 고부관계를 잘 유지해야 한다.

서로가 부드러운 언어를 사용해서 좋은 관계가 되도록 노력을 기울여야 한다. 고부간에 소리를 지르며 화를 내는 언사는 상대방의 마음 문을 굳게 잠그는 행동이기 때문에 절제해야 한다. 혹시라도 며느리에게 화를 내고 소리를 지르는 행동을 했으면 사과해야 한다. 어떠한 일이 있어도 함부로 말하는 것은 죄를 짓는 일이다. 요즘은 장모와 사위관계도 만만치가 않다. 관계에 대한 어려움을 나타내는 말로 사위는 백년손님이라는 옛말도 있는데 함부로 대하는 장모님들이 많이 있다는 것이다. 애지중지하게 키운 사랑하는 딸의 남편이기에 조심스럽게 신뢰를 쌓아가며 믿음의 관계를 유지해야 한다. 그러기 위해 온유한 언어를 잘 사용하며 사위를 존중하고 세워주는 일들을 해야 한다. "유순한 대답은 분노를 쉽게 하여도 과격한 말은 노를 격동하느니라"(잠 15:1). 남자들은 인정과 존경을 받을 때 힘을 얻고 모든 일을 잘할 수 있는 에너지를 공급받게 된다. 사랑하는 딸이 결혼해서 잘 살기를 바란다면 사위를 세워주고 인정해 주는 언어를 사용해야 한다.

성경에도 이드로와 모세의 관계를 보여주고 있다. 사위에게 부족한 지혜를 장인이 말해 줌으로 모든 백성들을 잘 다스리는 지도자 모세가 나올 수 있었던 것이다. 며느리와 사위도 내 자식이 되었기 때문에 그리스도의 사랑으로 안아주고 감싸주는 일들을 잘해야 한다. 왜냐하면 그들은 이제 늘 사랑의 관계를 맺으면서 살아야 하는 새로운 가족이기 때문이다. 그들을 통해서 우리의 가문을 이어줄 귀한 자손들이 탄생하기 때문에 늘 기도하며 마음의 평안을 안겨주어야 한다.

또한 양가 어른들과 부부들은 두 가문의 다른 점을 이해하는 폭이 넓어져야 한다. 결혼과 동시에 부부에게는 주위에 더 많은 친척들이 생긴다. 이들과 함께 더불어 살아가는 방법을 터득하지 않으면 고통이 따르게 된다. 시누이들을 비롯해서 처가 쪽의 형제들과 함께 살아가는 일들을 감당하는 것도 쉬운 일은 아니다. 사람들을 알아가는 것은 그만큼의 대가를 지불해야 얻어지기 때문에 때로는 시간과 물질도 투자해서 가깝게 지내는 훈련을 해야 한다. 서로 사랑하면서 한평생 같이 살아가야 하는 형제들이기에 무시하면서 지낼 수 없다. 그러기에 그들과 가까이 지내는 노력과 수고를 해야 한다.

두 가문이 살아온 배경과 환경이 다르기 때문에 서로를 배려하고 이해하는 노력을 하지 않으면 갈등은 점점 심해 질 수밖에 없다. 다름을 인정해 주고 존중해 주는 성숙한 마음이 없으면 불가능하다. 성숙한 사람은 나보다 남을 낮게 여기며 항상 남을 배려하는 넉넉한 마음이 있다. 겸손한 자세로 배우자의 가족들을 섬길 수 있어야 하고 존중하는 마음이 있어야 한다. 상대가 다르다고 불평하며 배우자에게 고통을 안겨주어서는 안 된다. 다른 많은 사람들을 사랑하고 친밀한 관계를 만들어 가는 훈련이 필요한 것이다. 남의 허물을 덮어주는 성숙한 사람은 자기 자신의 행복을 만들어 내는 지혜로운 사람이다. 결혼과 동시에 가족이 많아졌기 때문에 사랑하는 마음을 가지고 따뜻한 언어의 표현을 해야 한다. 그리할 때 행복한 결혼생활을 하게 될 것이다.

이처럼 그리스도인의 언어훈련은 저절로 되는 것이 아니다. 가정에서부터 철저하게 교육이 이루어져야 한다. 우리는 다른 나라 언어를 배울 때 힘들고 어렵다는 것을 다 경험해 보았을 것이다. 영어를 잘 하는 사람들을 보면 부럽기도 하다. 그들이 영어를 잘하기까지는 수많은 시간과 물질을 투자해서 피땀 어린 수고와 노력이 있기에 가능한 것이다. 하물며 하늘나라 언어는 더 많은 수고와 노력이 있어야 되지 않겠는가! 성경말씀대로 경건하게 살지 않으면 입으로 나올 수 없는 말이기에 경건의 훈련이 가정에서부터 시작되어야 한다. 어려서부터 하늘나라 언어를 사용하도록 생각과 사고를 성경적으로 이끌어 가야하며 어른들도 주야로 하나님의 말씀을 묵상해야 한다. 가정 안에서의 경건한 언어생활을 통해서 하나님의 인격과 성품을 닮아가는 모습이 일어나야 한다. 언어가 혼잡한 시대에 살고 있지만 덕스럽지 못한 언어들은 입 밖에도 내지 말아야 한다. 그리스도인은 십자가에 못 박은 언어를 사용해서 모든 사람들에게 은혜를 끼치는 영향력 있는 사람이 되어야 한다. "누구든지 말하려면 하나님의 말씀을 말하는 것처럼 해야 한다."(벧전 4:11) 장차 하늘나라를 상속받을 자로서 하늘나라 언어를 많이 사용하여 모든 사람들을 그리스도께 인도하는 능력 있는 사람이 되었으면 한다.

11장_ 결혼 후의 신앙생활

결혼식보다 결혼한 이후에 부부가 함께 만들어가야 할 삶은 더욱 중요하다. 결혼식을 위한 준비과정도 주님의 은혜가운데 세상과 구별된 모습으로 준비해야 하듯이 결혼 생활도 믿음 안에서 잘 다져질 준비를 철저히 하지 않으면 사단의 밥이 되고 말 것이다. 주님께서 기뻐하시는 경건한 가정을 꾸려가기 위해 준비해야 한다.

준비 없이 쉽게 하는 결혼과 함께 이혼도 쉬운 시대에 우리는 살고 있다. 그러므로 영적인 양식이 지속적으로 공급되지 않으면 결혼 생활은 결코 아름답지 못할 것이다. 하나님이 기뻐하시는 경건한 가정을 꾸려가기 위하여 영적양식을 공급받는 것을 생명같이 귀하게 여겨야 한다. 그래서 결혼 후에 어떻게 해야 신앙생활을 잘 할 수 있는지를 생각해 보고자 한다.

1. 하나의 신앙, 한 교회

"이러므로 사람이 부모를 떠나 그 아내와 합하여 그 둘이 한 육체가 될찌니 이 비밀이 크도다 내가 그리스도와 교회에 대하여 말하노라 그러나 너희도 각각 자기의 아내 사랑하기를 자기 같이 하고 아내도 그 남편을 경외하라"(엡 5:31-33).

결혼과 함께 부모를 떠나 부부가 하나 되는 일은 죽을 때까지 노력해야 하는 숙제이다. 육체적으로 한 몸이 되어 사는 것보다 더 중요한 것이 있다면 영적으로 한 몸이 되는 것이다. 영적으로 하나 되지 못하면 평생 당할 고통과 외로움은 말로 다 표현할 수 없다. 결혼 전에는 각자가 다른 지역 교회를 다니면서 신앙생활을 했을지라도 결혼과 함께 같은 지역교회를 다녀야 한다. 남편과 아내가 되는 부부생활에는 하나님의 절실한 도움 없이는 살아갈 수가 없기 때문이다. 서로가 한 지역교회를 섬기면서 믿음을 지키는 가정을 이끌어가야 한다. 영적인 분위기를 만들어가는 훈련은 교회를 통해서 이루어지기 때문에 같은 교회를 섬기면서 신앙의 훈련을 받아야 한다. 함께 신앙공동체 안에서 부부가 같이 기도하고 말씀을 연구하고 같은 신앙의 노선을 향해서 노력을 기울여야 한다.

부부가 서로를 위해서 기도하며 비성경적인 가르침을 조심해야 한다. 또한 기도와 대화를 통해서 믿음을 키워가는 것이 무엇보다도 우선이 되어야 한다. 목사님의 가르침을 잘 받아서 가정을 믿음의 반석 위에 든든히 세워가는 일들은 신혼 초부터 힘을 다해야 한다. 틈만 보이면 사단은 즉각 공격하여 하나님과 멀어지는 삶을 살게 하며 부부가 하나 되는 훈련을 교묘하게 방해하는 방해꾼이기에 늘 깨어서 기도하며 경건한 가정을 만들어가야 한다. 또한 같은 지역교회에 다니면서 결혼한 부부들은 그 동안에 쌓아 온 영적인 경험들을 지속적으로 발전시켜나가는 것이 좋은 것이다. 성도들의 사랑과 관심은 신혼부부에게는 아주 유익한 것이다. 가끔 결혼과 함께 교회를 옮기는 부부들이 있는데 그동안 쌓아온 영적인 유익은 다른 교회에서는 누릴 수 없는 것이다. 다른 곳에서 겉도는 신앙생활을 하지 말고 자라온 고향교회에서 신앙생활을 할 때 신혼부부를 향한 교회 지체들의 기도와 사랑은 큰 힘이 될 것이다.

결혼 후의 신앙생활은 혼자서 신앙생활을 하는 것보다 더 어려울 수 있다. 결혼은 한 명의 죄인이 아닌 두 명의 죄인이 살아가는 것이기에 더 힘을 내야 한다. 결혼과 함께 죄인이 의인이 되는 것이 아니기에 더 많이 기도하고 하나님을 전적으로 의지하지 않으면 내 안에 있는 죄악이 불같이 쏟아 나올 수 있다. 나를 죽이는 훈련은 결혼을 통해서 더 많이 나타나야 한다. 신혼부부들은 신혼의 재미에 푹 빠져서 다른 사람들을 생각하지 않는 경우가 많다. 둘만의 행복을 위해 누구의 방해도 받지 않기를 원하지만 이것은 옳은 행동이 아니다. 두 사람이 있기까지는 말로 표현할 수 없는 부모의 노력과 헌신이, 하나님의 축복의 통로가 되는 목사님과 성도들의 기도가 있었음을 알아야 한다. 관심과 사랑을 보여주는 사람들이 우리들의 삶을 지켜보고 있다고 생각하면서 결혼생활을 함부로 할 수 없는 방편을 만들어가는 것이다. 예배를 생명처럼 귀하게 여겨서 늘 교회 안에서 결혼 전보다 믿음의 생활을 더 열심히 해야 한다. 그것이 행복의 지름길이요 부부가 영적으로 하나 되는 것을 경험하는 복된 삶이다.

2. 교회를 사랑하는 마음

"남편들아 아내 사랑하기를 그리스도께서 교회를 사랑하시고 위하여 자신을 주심 같이 하라"(엡 5:25).

그리스도께서 교회를 사랑하사 자신을 주신 것 같이 우리들도 교회를 사랑해야 한다. 가끔 젊은이들을 보면 이 교회 저 교회 기웃거리며 떠돌이 신앙생활을 하는 자들을 볼 수 있다. 주님이 사랑하시는 교회를 너무나 헌신짝처럼 생각하며 교회와는 전혀 상관없이 살아가는 자들을 보면 안타까울 때가 많다. 남편들은 아내를 사랑하되 그리스도께서 교회를 사랑하신 것 같이 해야 하는 것이다. 이것은 단번에 이루어지는 것이 아니라 끊임없는 헌신적 사랑의 실천이 이루어져야 하는 것이다. 사랑하는 법을 배워야 한다. 남편들이 교회를 사랑할 때 아내들도 그 거룩한 모습을 통해서 하나님께 가까이 가는 것을 배울 수 있을 것이다. 부부가 교회를 사랑할 때 함께 성장할 것이며 성도들에게 도전을 줄 수 있는 모범된 가정으로 만들어져 갈 것이다.

교회가 공급하는 영적인 양식을 즐거워하며 마음을 다하여 사모해야 한다. 이것이 부부들이 살 길이요 교회가 날로 성장하게 되는 길이다. 자신들만의 삶만 추구하는 것이 아니라 교회의 모든 일들이 그들의 삶 속에 들어와서 함께 기도하고 교회를 세워가는 일들을 해야 한다. 그렇지 않으면 영적인 성숙을 기대하기가 어렵다. 주님이 기뻐하시는 일을 우리의 가정에서도 노력해서 주님의 영광을 나타내는 모습들을 이루어가야 한다. 서로가 배려하고 헌신하는 마음 없이는 어느 누구도 기쁘게 해 줄 수 없다는 것을 명심해야 한다. 하물며 만왕의 왕이신 하나님을 기쁘게 해드리는 것은 부부가 힘을 합해서 진리를 탐구하며 말씀에 순종하는 일들이 되어야 가능하다. 주님이 값 주고 피 흘려 사신 교회를 신혼부부들의 행복보다 더 소중하고 귀하게 여기는 믿음이 필요하다.

결혼은 수많은 시련과 아픔과 고통이 있기에 이 모든 것을 잘 극복하기 위해서는 교회와 말씀중심의 삶이 처음 시작하는 가정에서부터 이루어져야 하는 것이다. 사단은 교회를 파괴하기 위해서 엄청난 계략과 교묘한 전술을 사용하여 무너뜨리려고 한다. 많은 교회들이 혼란 속에 무너져가고 있으며 성도들도 제대로 신앙생활을 유지하기가 어렵게 되는 경우가 종종 일어나고 있다. 사랑하는 젊은이들이여! 결혼 후에 더 교회를 사랑하고 믿음을 굳게 지키려고 노력을 기울여야 한다. 목사님의 가르침에 철저하게 순종하는 삶을 살기를 바란다. 목회자를 대적하는 일에 절대로 앞장서지 말고 겸손하게 하나님을 바라보며 교회를 사랑하는 마음을 키워가라. 정성껏 힘을 다해서 교회를 세워 가다 보면 하늘에서 하나님께서 주시는 상급이 반드시 있을 것이다. 육적인 일에 수많은 시간들을 할애하여 인생을 낭비하지 말고 영원한 것에 마음을 두고 썩지 않을 양식을 위해 힘을 다해야 한다. 귀한 것은 쉽게 얻어지는 법이 없다. 하물며 영원한 영생을 소유한 하나님의 자녀가 노력과 수고로 땀을 흘리지 않고 하나님의 귀하고 소중한 것들을 어떻게 얻을 수 있단 말인가?

남자들은 결혼 후에 더 교회를 사랑하는 법을 배워야 할 것이며 그 안에서 아내를 사랑하는 것이 어떤 것인지를 깊이 깨달아야 한다. 세상을 사랑하는 미련한 남편이 되어서 아내도 고생시키고 자녀들도 힘들게 하는 어리석은 사람들이 되어서는 안 될 것이다. 가정의 제사장으로 남편을 세워주신 것은 하나님께서 남편들에게 엄청난 책임을 주신 것이다. 함부로 남용하지 말고 경건의 훈련을 통해서 교회를 사랑하며 진실 된 모습으로 살아가야 한다. 교회에 일어나는 모든 일들을 관심을 가지고 함께 기도하며 가정의 책임자로서 리더가 되어야 한다. 목사님을 위해서 기도하며 영적인 말씀이 우리 가정에 제대로 공급되는지 식구들을 살펴야 한다. 세상은 우리들을 하나님께 가까이 가도록 만들지 않는다. 아내들이 세상의 유혹에 빠지지 않도록 보살펴 주어야 하며 자녀들이 하나님을 알아갈 수 있는 모든 것이 되어주어야 한다. 교회를 사랑하지 않고는 경건한 가정을 이루어 갈 수 없다.

3. 가정의 주인이신 하나님

개혁교회에서는 아침저녁으로 하루에 두 번 가정예배를 한다. 남편과 함께 1980년대 유학시절에 네덜란드를 여행한 적이 있었는데 그들이 하루에 세 번 가정예배를 하는 것을 보았다. 개혁교회 목사님 가정에서 며칠간 머물렀는데 아침 식사 후에 여섯 명의 자녀들과 함께 가정예배를 하고 각자 학교에 가서 공부를 한 뒤 점심을 학교에서 먹지 않고 집에 와서 점심을 먹고 또 가정예배를 하고 다시 학교로 간다. 그리고 저녁에 온 식구들이 가정예배를 하는 모습을 보면서 철저하게 신앙교육을 시키는 모습에 많은 감동을 받은 적이 있었다. 결혼 전에는 가정예배를 못했어도 결혼 후에는 새로운 가정의 주인이신 하나님을 모시고 사는 경건한 가정으로서 반드시 하루에 한번이라도 아내와 함께 가정예배를 하기를 바란다. 가정예배는 필수다. 우리가 잘 아는 리차드 박스터 목사님께서는 "그리스도인의 가정은 하나님을 더 잘 예배하고 봉사하기 위해서 세운 교회"라고 하셨다. 청교도들도 가정은 '꿀을 저장하는 미래의 교회와 국가의 신학교'라고 하였다. 결혼을 하는 것은 곧 신학교에 입학하는 것과 같다. 사랑하는 아내와 자녀들과 함께 하나님을 경외하며 예배를 잘 하는 가정으로 만들어가야 할 책임이 남편에게 있다. 이것은 세상의 화려하고 좋은 어떠한 것을 주는 것보다도 소중하고 귀한 것이다. 이 땅에서 잘 살고 잘 먹고 행복하게 사는 것이 전부가 아니다. 남편이 되었다고 하는 것은 식구들의 신앙을 더 견고하고 바르게 훈련시키는 막중한 책임이 있다는 것임을 마음 속 깊이 깨닫기를 바란다.

가정이 붕괴되고 자녀들이 온갖 세상의 더러운 것들과 함께 친구하며 살아가는 시대에 경건한 가장의 역할은 매우 절실하다. 가정이 건강하지 못하면 교회도 혼란스럽고 국가도 바르게 지탱할 수 없다는 것을 알아야 한다. 그래서 선진국에서는 건강한 가정들을 만들어내기 위해서 국가적으로 많은 혜택과 전략을 세우며 몸부림치고 있다. 하지만 경건한 가정들이 없어지고 있는 이 시대에는 소망이 없다. 우리나라도 경건한 가정들이 많아야 교회도 살고 나라도 살 수 있다는 것을 명심해야 한다. 신앙은 하루아침에 좋아지는 것이 아니기 때문에 훈련에 훈련을 거듭해야 한다. 경건한 가정들은 말씀에 순종하며 살아가는 것을 가정예배를 통해서 점검하고 교회에 와서 재훈련을 받아야 하는 것이다. 자녀들을 위해서는 주일학교 교육과 더불어 집에서 부모들의 가르침과 교육이 절실하게 필요하다. 주일학교는 돕는 역할을 하는 것이지 모든 신앙의 책임은 가정에 있는 것이다. 부모들은 자녀가 태어나기 전에 경건의 분위기를 만들 책임이 있다. 결혼 후에 둘이 가정예배를 통해서 가정에서 찬송과 기도가 울려퍼지게 만들어야 한다.

"하나님이 짝지어 주신 것을 사람이 나누지 못할지니라"(막 10:9). 결혼 전에는 서로가 사랑한다고 말하던 부부가 결혼 후에는 서로 미워하고 성격이 맞지 않는다고 이혼하는 일이 너무나 많다. 믿는 자녀들에게는 이러한 일이 일어나지 않기 위해서라도 늘 예배하는 것이 삶의 기본이 되어야 한다. 서로 용서하고 이해하고 신뢰하는 것도 믿음이 있어야 가능하다. 믿음이 없으면 모든 생각과 가치관이 세상의 흐름대로 판단하기 때문에 행복과 평안은 찾아보기가 힘들게 되는 것이다. 가정예배를 하는 것은 사단의 공격을 막아내는 영적인 힘을 기르는 것이다. 돈을 버는 일에는 수단과 방법을 가리지 않으면서 믿음의 훈련을 위한 영적인 수단과 기회는 얼마나 많이 놓치고 있는지 알고 있는가?

부부가 되어 사는 것의 기초는 가정예배에서부터 세워져야 한다. 사단의 공격으로부터 서로를 보호해주며 격려해주어야 한다. 하나님이 주신 지혜가 없이는 불가능한 일이기에 날마다 엎드려 기도하며 찬송하며 말씀을 연구해야 한다. 하나님께서 주신 가정을 소중하게 지키며 어두운 세상에 빛을 발하도록 힘을 기울여야 한다.

4. 풍성한 성도의 교제

"이로써 네 믿음의 교제가 우리 가운데 있는 선을 알게 하고 그리스도께 미치도록 역사하느니라 형제여 성도들의 마음이 너로 말미암아 평안함을 얻었으니 내가 너의 사랑으로 많은 기쁨과 위로를 얻었노라"(몬 1:6-7).

우리는 개인주의가 팽배한 시대에 살고 있다. 더불어 살기보다 남을 무시하거나 상관하지 않고 자기들만의 울타리를 만들며 살아가고 있다. 이웃사촌이 없어지고 사람들하고 친해지는 것보다 컴퓨터나 TV, 영화, 스마트폰과 같이 기계와 친구가 되어서 살고 있는 현대인들의 모습을 볼 수 있다. 헬스장이나 야외에서 달리기를 하며 운동을 하는 사람들도 저마다 귀에다 이어폰을 끼고 음악을 들으면서 즐기는 모습을 볼 수 있다.

교회 안에도 개인주의가 심해지고 있는 실정이다. 말씀묵상을 통해서 하나님과의 개인적인 만남을 즐기는 '나 홀로' 신앙인은 많지만 예배당에 나와서 함께 기도하고 찬송하며 예배하는 '더불어' 사는 것을 즐거워하는 성도들은 점점 줄어가고 있다. 나름대로 바쁘고 힘들겠지만 성도들과의 교제는 하나님께서 원하시고 기뻐하시는 것임을 알아야 한다. 형제들이 함께 연합하여 동거함이 어찌 그리 아름다운지요! 그리스도 안에서 형제 된 자들은 함께 기뻐하고 더불어 사는 신앙인이어야 한다. 서로의 부족한 것을 보충해주며 연약한 것을 담당하며 서로가 교회를 세워가야 한다. 결혼 후에는 특히 성도들과의 교제를 통해서 풍성한 영적 유익을 누려야 함에도 불구하고 자기들만의 울타리를 만들어 아무도 간섭하지 못하게 하는 경우가 많다. 이러한 '나 홀로'의 신앙은 아주 위험한 것이다.

'나 홀로' 신앙에는 성장하는 믿음을 갖지 못하고 이기적으로 만드는 사단의 계략이 숨어 있다는 것을 알아야 한다. 사람을 알아가는 수고가 없어서 편한 것은 있겠지만 문제가 발생할 때 누구에게도 도움을 얻지 못하는 것은 불행한 일이다. 교회의 기능 중 하나인 성도의 교제는 그리스도인의 아주 중요한 덕목 중에 하나이다. 결혼 후에는 더 많은 유혹과 어려움이 있기 때문에 성도들의 관심과 사랑은 우리를 겸손하게 만들고 죄악 된 길에 보호막이 될 수 있다. 그렇기 때문에 서로를 알아 가는데 수고의 땀을 흘려야 한다. 보이는 형제를 사랑하지 않고는 하나님을 사랑한다고 말할 수 없다. 눈에 보이는 형제는 조금만 관심과 사랑을 갖고 대하면 좋아하지만 하나님은 우리가 적당히 대하는 것을 기뻐하지 아니하신다.

"네 마음을 다하고 목숨을 다하고 뜻을 다하고 힘을 다하여 주 너의 하나님을 사랑하라"(막 12:30)고 말씀하셨다. 하나님께서는 생명까지 우리들을 위해서 내어주신 아가페의 사랑을 보여 주셨다. 큰 사랑을 입은 우리들이기에 형제를 사랑하는 것을 배워야 한다. 아담이 독처하는 것을 좋지 않게 여기신 하나님께서 하와를 주셨고 둘이 하나 되어 생육하고 번성하게 하셨다. 우리는 외롭다고 생각할 때 죄를 범하게 되고 하나님과 멀어지게 된다. 그러나 하나님은 우리를 외롭게 만드신 것이 아니라 함께 사랑하며 주님을 의지하고 경외하라고 가정과 교회를 주신 것이다. 그러기에 우리는 서로 관계를 잘 맺으면서 하나님의 뜻을 이 땅에서 이루어 나가야 한다. 성도들이 마음에 들지 않는다고 적으로 만드는 어리석은 자가 되지 말고 좋은 점을 찾아 격려해 주며 친구로 살아가는 법을 배워야 한다.

이것은 서로 모여 기도하는 자들만이 누리는 특권이다. 종말의 때가 가까울수록 모이기를 폐하는 어떤 자들의 습관과 같이 하지 말고 모이기에 힘쓰라고 하셨다. 성도는 모여서 함께 기도하고 찬송하며 하나님을 경외하는 믿음의 자리로 나아가야 한다. 서로 물고 뜯고 싸우면 피차 멸망할까 조심하라고 하셨다. 싸우는 것은 마귀적이요, 정욕적이요 세상적인 것이다. 서로 용서하고 인내하고 사랑하는 것이 우리 그리스도인의 할 일이다. 내 할 일을 다 하지 못하면 결국은 부끄럽고 수치스러운 일들이 일어날 것이다. 성도들과의 교제와 만남을 통해서 그리스도의 사랑을 실천하자.

5. 섬기는 기쁨

"남에게 대접을 받고자 하는 대로 너희도 남을 대접하라"(눅 6:31).

결혼을 하면 당장 하루 세끼 식사하는 것이 큰 문제이다. 어머니가 해준 음식에 익숙해진 신혼부부는 나름대로 식단을 만들며 먹을 거리에 대해서 생각하게 된다. 아내가 되었으면 동시에 부엌과 친숙해지는 습관을 길러야 한다. 남편의 먹을 거리에 신경 쓰며 건강을 지켜나가야 할 책임이 아내에게 있다. 언제까지 어머님이 주신 반찬으로 때울 수 없다. 오히려 부모님을 위해서 맛있는 반찬을 해드리는 것이 정상이다. 가정 안에서 손님을 대접하는 것도 배워야 한다. 외식에 익숙해진 젊은이들은 결혼 후에도 손님을 대접할 때 많은 돈을 들여서 외식문화에 앞장서는 경우가 많다. 그러나 우리 그리스도인들은 외식문화에 길들지 말고 될 수 있으면 정성껏 집에서 장만한 음식으로 대접하는 것을 배워야 한다. 이것이 생활비도 절약하는 것이고 음식을 잘 할 수 있는 기회를 놓치지 않는 것이다. 아내에게는 평생 사랑하는 남편의 먹을 거리를 챙겨주고, 자녀들에게 인스턴트 음식이 아닌 건강한 음식을 먹여줄 사명이 있다. 이것은 싫어도 해야 하는 것이고 아내들이 즐거움으로 감당해야 할 덕목이다. 영국에서의 유학시절에 주말마다 종종 손님을 대접했다. 궁색한 살림이었지만 외식문화가 발달되지 않은 영국에서는 손님을 초대하면 집에서 음식을 먹는 경우가 대부분이다. 우리가 초대하면 초대받았던 친구들도 우리식구들을 반드시 초대해 주어서 덕분에 서양음식도 무척 많이 먹은 기억이 있다. 영국친구들의 집을 직접 방문할 수 있는 기회도 가질 수 있었고 그들의 사는 모습을 통해서 기독교 가정의 실생활을 접할 수 있는 학습의 시간이었던 것 같다. 이처럼 손님 접대를 통해 다른 사람들의 사는 모습을 보며 자신의 삶을 점검할 수 있고 더 나은 가정생활을 만들어 갈 수 있다.

성경에도 자기의 집을 개방해서 선지자들을 영접하고 헌신하는 가정들을 볼 수 있다. 자기의 유익을 구하는 자가 아니라 남의 유익을 구하는 성도의 삶으로 변해야 된다. 교회 안에서의 교제도 중요하지만 때로는 집을 개방해서 성도들을 초대하여 신앙의 터전을 만들어가는 지혜도 배워야 한다. 또 남편이 믿지 않는 친구를 초대하고 싶을 때 아내의 도움으로 밖이 아닌 집에서 만나면 전도할 수 있는 절호의 찬스를 얻게 되는 것이다. 혹시 친구가 신앙인이라면 서로의 신앙 간증을 통해서 영적인 것을 배울 수 있는 기회를 갖게 되는 것이다. 손님접대를 보고 자라는 자녀들 역시 나중에 커서 그런 가정을 만들어가게 될 것이다. 자녀들의 시대는 지금보다 더욱 심한 이기주의에 놓이게 될 텐데, 신앙의 유산을 말로만 가르치는 부모가 아니라 삶으로 보여줄 수 있어야 한다. 성숙한 부모를 통해서 우리들의 자녀도 하나님을 경외하고 사람들과 함께 더불어 살아가는 것을 배울 것이다. 성경에도 주는 자가 복이 있다 하였으니 받는 것보다 주는 것을 배울 수 있는 가정이야말로 천국의 모형인 것이다.

이것은 나 자신을 죽이는 것과 같이 생각보다 힘든 과정이다. 그러나 아내들이 음식 하는 것을 천직으로 알고 즐기는 법을 터득하지 않으면 평생 불평을 입에 달고 사는 미련한 자가 될 뿐이다. 물론 남편도 아내의 수고를 인정해 주고 설거지나 집안 청소 등을 도와줄 수 있는 여유를 가져야 한다. 부엌일은 주로 아내가 전문이지만 남편들도 집안일을 도와주어야 한다. 자녀들에게도 어머니의 수고를 가르치고 인정하며 감사하는 아름다운 믿음의 가정으로 만들어가야 한다. 요즘은 맞벌이 부부가 늘어가고 있는 추세이다. 그럴 때는 서로가 의논하여 먹을 거리를 장만하며 건강을 챙기는 일들을 분담해서 지혜롭게 해야 할 필요가 있다. 대접하는 일은 겸손하고 믿음이 있는 자만이 할 수 있는 것이기에 늘 깨어서 기도하며 하나님의 선한 일들을 잘 감당하는 부부가 되기를 바란다.

6. 영적 계획표 작성하기

결혼 후에는 어떻게 집을 장만할 것인지가 가장 우선순위일 것이다. 자동차를 사야 하는지 자녀는 어떻게 키울 것인지 등 여러 가지 계획을 세우면서 미래의 준비를 하는 부부들이 많이 있다. 그러나 가장 중요한 것은 믿음을 키워가는 일들을 준비하는 것이다. 그렇지 않으면 세상의 흐름 속에 빨려 들어가게 되는 경우가 대부분이다. 혼자서 신앙생활을 잘 하던 젊은이들도 배우자에 따라서 신앙의 성숙도가 달라지는 것을 볼 때에 안타까운 적이 너무나 많다. 남편이 믿음이 적은 경우 그 수준에 맞추어 적당히 신앙 생활하는 모습을 보면서 안타깝게 생각한 적이 한 두 번이 아니다. 결혼 후에 반드시 영적인 계획표를 세우지 않으면 결혼 전에 쌓아 왔던 믿음도 순식간에 무너질 수가 있다는 것이다. 나는 교회에서 새 가정부 교육을 1년 과정으로 가르치는 일을 십 수 년간 해오고 있다. 결혼한 후에 신혼부부들이 공부하는 과정인데 이 교육을 받은 부부와 받지 않은 부부들의 모습 사이에 현격한 차이가 있음을 발견할 수 있었다.

가정의 소중함이 신앙의 성숙도에서 이루어지는 것을 볼 수 있다. 아내와 남편이 하나님께 가까이 가면 갈수록 행복하고 즐거운 가정을 이루어가는 것을 보게 된다. 물질적인 준비도 중요하지만 무엇보다 가장 중요한 영적인 것이 하나로 이루어질 때 행복지수가 달라진다는 것이다. 그렇기 때문에 새 가정부 성경공부 시간도 낮 예배 시간 전에 가진다. 신혼부부들이 오전예배에 참석하는 것이 우선시 되도록 오전 10시에 시작하고 예배시간 10분전에 끝난다. 바로 낮 예배에 임할 수 있게 하는 것이다. 예배의 소중함과 말씀의 거룩성을 회복하는 것이 저들의 삶을 세상과 구별되게 만들어가기 때문이다.

예배당 맨 앞자리는 사람들이 즐겨 앉지 않는다. 그래서 일부러 신혼부부들에게 맨 앞자리에 앉기를 권하고 목사님을 가까이 보면서 은혜 받기를 사모하라고 당부를 한다. 1년간 훈련을 잘 받은 부부는 그것이 밑거름이 되어 세월이 흘러도 교회 안에서 충성된 모습으로 신앙생활을 지속 하는 것을 볼 수 있다. 그리고 일주일에 예배에 한번 참석하는 것으로 만족하지 말고 주일 저녁예배와 수요예배도 될 수 있으면 힘을 내어서 참석하라고 한다. 한 달에 2번 이상은 금요기도회도 참석해야 하며 새벽기도회도 노력을 해서 기도하는 계획을 세우라고 한다. 성경은 매일 읽고 교회를 위해서 기도하고 남편과 아내를 위해서 매일 기도하는 것을 권한다. 이 모든 은혜의 수단들을 잘 활용해서 믿음을 키워가야 하며 세상의 흐름에 휩쓸리지 않는 바른 신앙관을 가지며 구별된 가정으로 거듭나야 한다. 적극적인 삶의 자세가 있어야 하며 말씀에 순종하는 것을 무엇보다도 큰 재산으로 알고 지켜야 한다. 세상은 우리 젊은 부부들에게 달콤하고 먹음직스럽고 탐스러운 것들을 제공하면서 하나님과 멀어지는 삶을 유혹하고 있다.

가정이 무너지고 있는 시대에 그리스도인의 가정은 더욱더 빛을 발해야 하며 거룩성을 회복해야 한다. 저절로 이루어지는 것은 이 세상에 아무것도 없다. 노력해서 수고의 땀을 흘리며 주님의 것을 소중한 자산으로 알고 지키는 것이 몸에 배어 있어야 한다. 그렇지 않으면 어려움이 닥칠 때 이겨내지 못하고 자리에 주저앉고 통곡하는 일이 생기기 때문이다. 기도도 젊어서 더 많이 해야 하고 성경도 젊어서 눈이 더 잘 보일 때 많이 읽고 묵상해야 한다. 젊어서 고생은 사서도 한다는 속담처럼 젊은 부부들이 하나님을 더욱 사모하며 영적인 자산을 늘려 가는데 헌신하는 모습들이 있어야 한국교회가 살아남을 것이다. 말씀의 훈련들이 잘 된 사람들은 자녀들에게 성숙한 믿음의 유산을 물려줄 수 있다. 믿음이 있노라 하면서 하나님과 상관없이 사는 사람들에게는 영적인 힘을 찾아보기가 어렵다. 가정을 만들어 주시고 복을 주신 하나님의 계획에 부응하기 위해서는 영적으로 부유함을 누리는 부부가 되어야 한다.

7. 하나님을 예배하는 정숙한 아름다움

"여자는 남자의 의복을 입지 말 것이요 남자는 여자의 의복을 입지 말 것이라 이같이 하는 자는 네 하나님 여호와께 가증한 자니라"(신 22:5).

말씀을 보면 구약시대에는 남자와 여자의 의복이 구별되어 있음을 알 수 있다. 창조주이신 하나님께서 남자와 여자를 다르게 지으셨다는 것이다. 요즘같이 각자의 개성에 따라 입고 다니는 것을 보면 남녀가 구분되지 않을 때도 있다. 남자는 남자다워야 할 것이고 여자는 나이가 먹을수록 더 여성스러워야 하는 것이 당연한 것이다. 하지만 세상은 그것을 요구하지 않는다. 남녀 구별 없이 나름의 개성을 강조하는 시대에 우리가 살고 있다. 그러나 그리스도인은 달라졌으면 한다.

특히 예배당에 나와 경건하게 예배할 때는 정장차림으로 준비하는 마음의 자세가 되었으면 한다. 결혼식에 가는 사람 중에 아무 옷이나 걸치는 사람은 없다. 가장 정숙하고 멋진 정장차림으로 예식에 참여하는 사람들이 대부분이다. 인생을 새롭게 출발하는 신혼부부에 대한 예의이기 때문이다. 하물며 하나님을 예배하는데 평상복 차림으로 대충 온다는 것은 성도들이 다시 한번 깊이 생각해 볼 문제이다. 지존하신 하나님을 향한 예의 바른 차림이라야 한다. 물론 의식이 중요한 것은 아니겠지만 하나님께 마음과 뜻과 정성을 다해서 예배해야 하는 모습은 평상시보다는 많이 달라야 하겠다. 영미에서는 성도들이 입는 선데이 드레스가 따로 준비되어 있다. 자녀들도 새 옷을 장만하면 주일날 제일 먼저 입는다. 예배할 때는 옷차림도 정숙해야 한다는 것이다.

그것이 믿지 않는 사람들에게 하나님의 존귀함과 거룩성을 조금이나마 이해하는 일이 될 수 있다. 남성은 바지정장을 하고 여성은 치마정장을 하여 예배분위기를 경건하게 만드는 것도 중요하다. 비싼 옷을 말하는 것이 아니라 깨끗하고 정숙한 차림을 말하는 것이다. 하나님께 구별된 마음의 자세가 행동으로 드러나는 것이다. 특히 신혼부부들은 예복으로 결혼 전에 좋은 옷들을 몇 벌 장만하는 것으로 안다. 그 좋고 예쁜 정장 옷들을 예배 시에 입는 다면 더없이 좋을 것이다. 아무렇게나 대충 입지 말고 한 번의 결혼식을 위해서 준비한 노력보다 하나님께 예배하는 것을 더 소중하게 귀하게 여기는 마음의 자세가 필요하다.

"또 이와 같이 여자들도 아담한 옷을 입으며 염치와 정절로 자기를 단장하고 땋은 머리와 금이나 진주나 값진 옷으로 하지 말고 오직 선행으로 하기를 원하라 이것이 하나님을 공경한다 하는 자들에게 마땅한 것이니라"(딤전 2:9-10). 세상 사람들과 구별된 정숙한 옷차림이 그리스도인들에게 합당한 것이다. 유행에 따라 사는 것이 아니라 성경에서 말하는 대로 정숙하고 조심성 있는, 분별력 있는 사람들이 되어야 한다. 자녀들에게도 주일날 예배당에 올 때 구별된 깨끗하고 정숙한 옷차림새로 올 수 있도록 준비시켜야 한다. 놀러 가는 듯한 옷차림이나 준비 없이 입고 오게 하는 것은 바람직하지 못하다. 어려서부터 하나님을 경외하는 법을 가르치지 않으면 커서는 더 힘들어 지게 된다. 인간은 구속 받는 것을 아주 싫어하는 못된 습성이 있기 때문에 어려서부터 훈련의 훈련을 거듭하며 습관을 들여야 한다. 믿음이 있는 사람들도 자기 멋대로 옷 입고 예배하는 사람들이 너무나 많다. 아주 사소하고 무시해도 되는 것이 옷차림이라 생각되겠지만 사단은 사소한 것에 틈 타서 결국은 큰 것을 잃어버리게 하는 나쁜 존재이다. 세상흐름에 민감한 사람이 아니라 영적인 것에 민감해지는 믿음을 소유하는 성도들이 되어야 한다.

나가는 말

결혼 후에 어떻게 신앙생활을 해야 하는지에 대해서 적어보았다. 결혼을 꿈꾸며 준비하는 많은 젊은이들, 그리고 결혼생활을 하는 성도들에게 조금이나마 도움이 되었으면 한다. "종말로 형제들아 무엇에든지 참되며 무엇에든지 경건하며 무엇에든지 옳으며 무엇에든지 정결하며 무엇에든지 사랑할만하며 무엇에든지 칭찬할만하며 무슨 덕이 있든지 무슨 기림이 있든지 이것들을 생각하라"(빌 4:8). 무엇보다도 마음을 지키며 항상 옳은 일들을 행하며 덕을 세워가는 성도들이 되기를 바란다. 하나님을 섬기는데 흠이 없고 순전한 양심으로 살아가는 믿음의 경건한 가정들을 세워 가기를 소원한다.

12장_ 재정 관리와 현금 생활

에덴동산에서의 아담과 하와의 결혼생활에는 돈이 필요하지 않았다. 모든 것을 완벽하게 준비해 주시고 필요한 모든 것을 하나님께서 공급해 주셨기 때문이다. 아담이 할 수 있는 것은 하나님의 것을 다스리고 관리하는 일이었다. 하와는 그런 남편을 적극적으로 도와주는 배필로 지음을 받았기 때문에 아주 섬세하고 지혜로운 아내였을 것이다. 어느 날 하와가 선악과를 보았을 때 먹음직도 하고 보암직도 하고 지혜롭게 할 만큼 탐스럽다고 하였다. 하와는 선악과를 먹으면 하나님과 같이 지혜롭게 된다는 말에 유혹을 받은 것이다. 그러나 하나님의 지혜를 인간들이 어떻게 따라갈 수 있단 말인가?

피조물인 인생은 하나님의 말씀에 순종하는 것이 살길이다. 그러나 하와는 그만 열매를 따먹고 남편도 먹게 하는 불순종의 죄를 범하게 된 것이다. 남편을 잘못 도와준 꼴이 된 것이다. 아담은 아내의 말보다 하나님의 말씀에 귀를 기울여야 했다. 선악과를 먹으면 정녕 죽으리라고 한 말씀을 늘 기억하여 아내도 죄를 짓지 않도록 지켜주어야 했다. 그러나 그는 하나님의 말씀보다 아내의 말을 따르는 잘못을 저질렀다. 결과적으로 순간의 선택이 인류에게 엄청난 파멸을 가져다 준 것이다. 하나님께서는 에덴동산에 있는 모든 것을 그들에게 다 주셨다. 그러나 선악과는 아니었다. 그것은 하나님께서 인간에게 허락하신 열매가 아니었다. 인생들은 하나님께서 허락하신 것만 누리며 사는 것이다. 내 욕심에 이끌리어 살면 결국은 망하고 죽음이 기다리고 있다는 것을 알아야 한다.

"우리가 세상에 아무 것도 가지고 온 것이 없으매 또한 아무 것도 가지고 가지 못하리니 우리가 먹을 것과 입을 것이 있은즉 족한 줄로 알 것이니라 부하려 하는 자들은 시험과 올무와 여러 가지 어리석고 해로운 정욕에 떨어지나니 곧 사람으로 침륜과 멸망에 빠지게 하는 것이라 돈을 사랑함이 일만 악의 뿌리가 되나니 이것을 사모하는 자들이 미혹을 받아 믿음에서 떠나 많은 근심으로써 자기를 찔렀도다"(딤전 6:7-10). 물질만능주의의 시대가 되었다. 돈이면 무엇이든지 안 되는 것이 없어 보인다. 결혼을 하는 것도, 자녀를 낳는 것도 돈이 없어서 못 하겠다는 시대에 살고 있다. 사람은 이 땅에 태어날 때 아무것도 가지고 오지 않는다. 그런데 현재 우리가 가지고 있는 것이 얼마나 많은지 수를 다 헤아릴 수 없을 정도로 많다. 소유하고 있는 많은 것들 중에 이 땅을 떠날 때 가지고 갈 수 있는 것은 아무것도 없다. 모두가 빈손으로 왔다가 빈손으로 간다. 그래서 성경은 먹을 것과 입을 것이 있으면 만족하며 살라고 하는 것이다. 그러나 우리들의 욕심은 끝이 보이지 않는다. 늙어서도 멈추지 않는다. 특히 결혼한 젊은 부부들에게 세상이 유혹하는 것은 물질이다. 가정을 하나님의 말씀으로 이끌어 가기보다는 물질을 잣대로 끌려가는 경우가 대부분이다. 배우자를 구할 때 당연한 듯이 남자들의 직장이 어디냐고 물어보는 것은 그래도 이해가 가지만 여성이 직업이 없다고 하면 중매도 들어오지 않는 것이 현실이다. 여자들도 안정되고 좋은 직장이 있어야 중매도 할 수 있게 되었다.

그러나 성경에서 가르쳐주는 여성의 위치는 가정이지 세상이 아니다. 물론 직장을 다니는 그 자체가 나쁘다는 것이 아니다. 다만 그것이 최우선이 되어서는 안 된다는 것이다. 아내와 남편에게 있어서 직장생활이 우선 되다 보면 결국 건강한 가정을 만들어가는 것이 어려워진다. 누군가는 가정을 세우고 지키며 살아야 하는데 가정보다 물질이 우선이 되어서 산다면 결혼의 목적을 이뤄가지 못하게 된다. 돈벌이 때문에 건강하고 성경적인 경건한 가정 세우기는 전혀 고려의 대상이 되지 못하고 있는 것이다. 세상은 가정을 중요시하는 것이 아니라 개개인의 삶을 더 중요시한다. 성경의 가르침하고는 전혀 다른 방향으로 흘러가는 세상에서 성도는 가정을 어떻게 지켜야 하는가? 그런 차원에서 하나님께서 원하시는 성경적 물질관을 비롯하여 올바른 헌금생활은 어떠해야 하는지를 알아보고자 한다.

1. 신성한 땀방울

"여호와 하나님이 그 사람을 이끌어 에덴동산에 두사 그것을 다스리며 지키게 하시고"(창 2:15).

노동은 아담에게 주신 하나님의 명령이다. 하나님께서 만들어 주신 동산을 가꾸고 지키는 일은 쉽지 않았을 것이다. 그럼에도 이마에 땀을 흘리며 열심히 일을 했을 것이다. 그리고 아담을 도와줄 아내를 주셔서 더 잘 감당하도록 하신 것이 하나님의 계획이다. 이것은 아담이 타락하기 전에 허락하신 신성한 일이었다. 이처럼 노동은 하나님께서 사람에게 주신 선물이다. 그러나 타락한 후에 이 노동에 고통이 더하게 되었다. 남자는 죽을 때까지 이마에 땀을 흘리며 열심히 일을 해야만 한다. "누구든지 일하기 싫어하거든 먹지도 말게 하라"(살후 3:10). 게으름은 하나님의 말씀에 불순종하는 죄를 짓는 것이다. 각자에게 주신 달란트를 잘 활용하여 하나님의 나라 건설을 도와야 할 책임이 우리들에게 있다.

"무슨 일을 하든지 마음을 다하여 주께 하듯 하고 사람에게 하듯하지 말라 이는 유업의 상을 주께 받을줄 앎이니 너희는 주 그리스도를 섬기느니라"(골 3:23-24). 우리가 하는 모든 일이 주님 앞에서 하는 것이 되어야 함은 주님이 보고 계시기 때문이다. 중심을 보시는 하나님 앞에서 정직하고 성실하게 최선을 다해서 일해야 한다. 비록 명령을 따르는 종이라 할지라도 주인의 뜻을 잘 알아서 수고의 땀을 흘려야 한다. 또 노동엔 대가가 지불된다. 그러나 대가를 위해서 일하는 것보다 맡은 일에 충성을 하다 보니 물질의 복도 누리는 것이 되어야 한다. 노동의 조건이 대가가 아니다. 대가는 노동의 열매여야 한다. 우리의 우선순위는 돈이 아니라 하나님께서 주신 노동의 가치를 높이며 창의력을 발휘하여 이 땅을 정복하고 다스리는 것이 되어야 한다.

지금 우리가 편리한 도구들을 사용해서 살고 있는 것도 누군가가 맡은 일에 연구하고 노력한 열매들이다. 비행기를 타고 외국에 여행할 때마다 누군가의 희생과 노력으로 인해 편리하게 다니는 것에 항상 감사함을 느낀다. 그래서 우리들의 노동은 맡은 일에 창의력을 발휘해서 모든 사람들에게 유익을 주는 것이어야 한다. 특별히 가정을 부양해야 할 남편들은 더욱 더 열심히 일해야 한다. 사랑하는 아내와 자녀들을 돌보아야 할 책임이 남편에게 있기 때문이다. 물질 때문에 아내를 희생시키지 말아야 한다. 세상은 아내들에게 나와서 돈을 벌도록 유혹을 하고 있다. 가정에서 가사의 일을 전념해야 하는 주부들을 부추기고 있다. 자아실현을 위해서 또는 전공을 살린다는 명목으로 가정에서의 삶보다 사회에 이바지하는 아내들이 얼마나 많은

지 모른다.

아내들의 자녀 양육을 비롯한 가정의 일을 하는 것도 쉬운 일이 아니다. 비록 힘들고 월급은 없지만 하나님 앞에서 하는 일이기에 반드시 하나님께서 보상해주신다. 남편들은 이마에 땀을 흘리며 사회에 나가서 열심히 일을 해야 한다. 식구들의 생계를 책임지는 것은 남편의 몫이지 아내의 몫이 아니다. 물론 남편이 아파서 일을 하지 못할 경우를 제외하고는 아내들은 가정에서의 일을 잘 감당해야 한다. 그러나 현대사회에서는 오히려 여성들에게 많은 혜택을 주면서까지 일을 하게 한다. 유아시설을 만들어 놓고 아이들과 함께 직장에 출퇴근하게 만든다. 남자들에게 일자리가 많아야 하는데 오히려 모든 분야에서 뛰어난 여성들이 자리를 지키며 충성을 다하고 있다. 여성들도 돈이 주는 혜택이 많기 때문에 쉽게 포기할 수가 없다. 그러나 하나님이 우리에게 주는 혜택은 돈과는 비교할 수 없는 것이다.

결혼으로 세워진 가정을 세상으로부터 지키지 않으면 모래 위에 지은 집처럼 무너질 수밖에 없다. 부부가 갈등이 생기면 이혼을 생각하는 것이 아니라 가정의 당면한 문제가 무엇인지 생각하며 성경의 원리로 돌아가야 한다. 남편은 열심히 이마에 땀이 흐를 때까지 일하는 것이고 아내는 그 남편을 도와서 잘하도록 의식주의 필요를 충분히 채워주어야 하는 것이다. 세월이 갈수록 자녀양육은 더 힘들고 어렵기 때문에 어머니가 자녀교육을 시키는 일에 전문가의 수준을 갖춰야 한다. 세상에서 잘나가는 자녀가 아닌 하나님 앞에 신앙인으로 살아가는 모습으로 키우는 것이 어머니의 할 일인 것이다. 가정이 무너지면 사회의 기강도 무너지고 교회도 어려워진다. 아내들의 학력수준이 갈수록 높아지고 있기 때문에 가정에만 있는 것을 무능한 듯이 여기는 경우가 많다. 그러나 많이 배운 만큼 남편과 자녀들에게 지혜를 발휘해서 영적인 귀한 것들을 추구해야 한다.

세상 사람들이 뭐라고 해도 하나님을 믿는 아내들은 진짜 소중한 것이 무엇인지를 잘 깨달아야 한다. 가정은 하나님께서 주신 가장 소중하고 귀한 것이기에 사단이 들어오지 못하도록 늘 깨어서 지켜야 한다. 사회에 나가서 남편들이 열심히 일할 수 있도록 모든 것을 도와주어야 한다. 아내들의 헌신과 수고를 하나님이 모르는 척 하지 않을 것이다. 물질위주의 삶이 아닌 영적으로 가정이 더 성장하도록 힘을 내어야 한다. 또한 자녀들에게 필요한 것들을 제공해 주면서 하나님을 배워가는 일에 더욱 노력을 기울여야 한다. 세상은 우리 자녀들에게 부정적인 것들을 심어주려 하지만 가정은 주님 안에서 모든 것을 할 수 있는 믿음을 키워주는 일을 감당해야 한다. 아버지의 수고의 땀과 어머니의 헌신이 있는 가정에서 자라나는 자녀들은 노동의 가치를 소중하게 생각하게 될 것이다. 그래서 우리들의 노동으로 하나님의 영광을 나타내고 모든 사람들에게 유익을 끼치며 특히 가족들에게 좋은 것들을 안겨다 주어야 한다.

2. 모든 것이 주께로부터

"땅과 거기 충만한 것과 세계와 그 중에 거하는 자가 다 여호와의 것이로다"(시24:1).

우리가 눈으로 보는 모든 것에서부터 보이지 않는 것까지 다 하나님이 만드시고 제정하신 것이다. 작은 것 하나라도 인간 스스로 만들어 낸 것은 아무것도 없다. 하나님께서 허락하지 않으시면 우리는 아무것도 가질 수가 없는 연약한 인생이다. 그러나 세상은 우리에게 모든 것을 돈으로 살 수 있고 돈이 많아야 행복하다고 가르친다. 부부와의 관계도 돈이 없으면 불행하다고 하고 자녀양육도 돈이 없으면 힘들다고 한다. 사람구실을 하기 위해서는 돈이 있어야 한다고 한다. 심지어 어떤 사람은 돈이 없어서 교회에 못 가겠다고 한다. 그래서 돈을 벌기 위해서 남녀노소 할 것 없이 열심히 땀을 흘리며 돈을 모은다. 그러나 돈으로 살 수 없는 것이 이 세상에는 너무나 많다는 것을 알아야 한다.

사람들에게 기본적으로 필요한 모든 것은 하나님께서 다 거저 주셨다. 예를 들면 눈에는 보이지 않지만 공기가 없으면 어느 누구도 이 땅에서 살 수 없다. 우주만물을 아름답게 지으시고 이른 비와 늦은 비를 주시는 분도 하나님이시다. 적당하게 햇빛을 주셔서 땅에서 채소가 나게 하고 과일나무에 과일이 맛있게 열리게 하는 것과 가축들이 들에 나가서 신선한 풀을 마음껏 먹을 수 있는 것도 만물을 주관하시는 하나님 손에 달려있음을 알아야 한다. 물론 농부가 열심히 일을 하는 것도 중요하지만 아무리 농사를 열심히 한다고 해도 농부는 햇빛을 조절하거나 비와 바람을 만들어 내지 못한다. 하나님께서는 인생에게 꼭 필요한 공기와 비와 바람 그리고 햇빛을 모든 사람들에게 공짜로 주셨다.

또한 우리를 이 땅에 태어나게 하신 분도 하나님이시다 내가 부모님을 선택해서 태어난 것이 아니다.

"자녀들아 너희 부모를 주 안에서 순종하라 이것이 옳으니라 네 아버지와 어머니를 공경하라 이것이 약속 있는 첫 계명이니 이는 네가 잘 되고 땅에서 장수하리라"(엡 6:1-3). 어버이께 하는 것이 곧 하나님께 하는 것임을 기억하라. 아내와 남편도 하나님께서 정해주신 것이다. "사람이 그 부모를 떠나서 아내에게 합하여 그 둘이 한 몸이 될지니라 하신 것을 읽지 못하였느냐 이러한즉 이제 둘이 아니요 한 몸이니 그러므로 하나님이 짝지어 주신 것을 사람이 나누지 못할지니라"(마 19:5-6). 부부는 죽을 때까지 함께 사는 것이다. 어느 누구도 부부의 사이를 방해하는 자가 없어야 한다. 그래서 간음하는 자를 돌로 쳐 죽이라고 명령하신 것이다. 자기 아내와 남편이 아닌 다른 사람과 성관계를 갖는 것은 하나님께서 역겨워 하는 것이다. 부부가 한 몸을 이루어 행복하게 사는 것이 하나님께서 원하시는 복된 가정인 것이다.

자녀들도 하나님께서 우리에게 주신 선물이다. "자식은 여호와의 주신 기업이요 태의 열매는 그의 상급이로다"(시 127:3). 내 것이 아닌 하나님의 자녀이기 때문에 더 소중하고 귀한 자녀들인 것이다. 내 마음대로 가르치는 것이 아니라 하나님의 방식으로 자녀를 양육한다면 반드시 그에 따른 결과는 아름다운 열매로 나타날 것이다. 그렇기 때문에 열심히 일해서 번 돈도 하나님의 손에 쓰임 받아야 한다. 건강을 주셔서 일을 하게 하셨으니 내 것이 아닌 주님이 원하시는 방식으로 쓰여 져야 한다. "너희는 먼저 그의 나라와 그의 의를 구하라 그리하면 이 모든 것을 너희에게 더하시리라"(마 6:33). 우리의 우선순위는 늘 하나님 안에서 순종하며 사는 것이다. 우리가 소유하고 있는 모든 것이 다 주님께로부터 왔음을 알고 바르게 사용되어야 한다. "각양 좋은 은사와 온전한 선물이 다 위로부터 빛들의 아버지께로서 오나니 그는 변함도 없으시고 회전하는 그림자도 없으시니라"(약 1:17).

우리는 모든 삶이 하나님의 선물이요 복임을 겸허하게 깨닫는 믿음의 사람들이 되어야 한다. 아무리 돈이 많아도 순식간에 잃을 수 있는 것이 생명이기에 늘 겸손한 마음으로 하나님의 주되심을 인정하며 살아야 한다. 모든 것의 주인이 하나님임을 아는 신앙인이야 말로 행복한 자일 것이다. 또한 앞으로 있을 것까지 다 주님의 것임을 아는 것도 지혜로운 자의 모습이다. 모든 일에 돈과 자신을 의지하는 어리석음을 버리고 하나님의 것을 믿음으로 받아 누리며 영원한 것을 땅에 있는 재물보다 더 큰 보화로 여기라. 우리 주 예수 그리스도 안에서 하늘에서 받을 상이 많은 진정한 부자가 되기를 바란다.

3. 돈을 사랑하는 것

"한 사람이 두 주인을 섬기지 못할 것이니 혹 이를 미워하며 저를 사랑하거나 혹 이를 중히 여기며 저를 경히 여김이라 너희가 하나님과 재물을 겸하여 섬기지 못하느니라"(마 6:24).

하나님을 섬기는 것과 재물을 섬기는 것을 같이 할 수 없는 이유는 모두가 시간과 정성이 요구되는 것이기 때문이다. 사람은 양쪽을 다 할 수 있는 슈퍼맨이 아니다. 돈을 많이 벌기 위해서는 시간과 노력이 필요하다. 시간이 흐른다고 저절로 돈이 생기는 것이 아니다. 밤낮으로 수고의 땀을 흘리며 고통과 아픔을 참고 견디는 자가 돈을 많이 벌 수 있는 것이다. 그리고 늘 어떻게 하면 돈을 많이 벌 수 있을지 연구하고 노력해서 때로는 시행착오를 겪으면서 힘든 수고를 감당해야 한다. 실패도 여러 번 해보면서 성공을 위해서 이마의 흐른 땀을 닦아내며 죽을힘을 다해 노력하지 않으면 부자가 될 수 없는 것이다.

하나님을 섬기는 것도 수많은 시간을 요구하며 늘 주님만을 생각하며 살아야 가능하다. 성경공부도해야 하고 예배시간도 빠지지 말고 잘 참석해야 하며 성도들 간의 교제도 해야 한다. 이 일에는 때로 물질도 헌신해야 하며 많은 시간을 들여야 한다. 신앙도 저절로 좋아질 수 있는 문제가 아니다. 이 모든 것을 잘 아시는 하나님께서 신앙인들로 하여금 재물을 섬기지 말라고 하신 것이다. "돈을 사랑치 말고 있는 바를 족한 줄로 알라 그가 친히 말씀하시기를 내가 과연 너희를 버리지 아니하고 과연 너희를 떠나지 아니하리라 하셨느니라"(히 13:5).

우리가 누군가를 사랑하게 되면 온 정성과 시간을 내어서 헌신하게 된다. 돈을 사랑하게 되면 화려하고 찬란한 세상이 전부인양 보이기 때문에 하나님을 바른 시각으로 볼 수 없다. 돈이라는 우상이 하나님의 자리에 앉아서 사람들을 미혹하게 만들며 분별력을 잃게 하기 때문이다. 신혼부부는 대개 작은 집에서부터 살림살이를 시작한다. 살림을 늘려가는 행복을 조금씩 맛보면서 서로 간에 부부의 정을 쌓아가는 것이 정상이다. 서로가 물질을 절약하고 아끼면서 필요한 것을 장만하는 것이 부부만이 누릴 수 있는 행복이기 때문이다. 수입은 적지만 행복은 커가는 것이 신혼생활의 재미일 것이다.

그러나 요즈음은 물질은 넉넉해 보이는 것 같지만 행복지수는 낮아지고 있다. 신혼 초에 너무나 많은 것을 가지고 시작하는 부부들이 많아졌기 때문이다. 그래서 그것을 지키기 위해서 두 부부가 부지런히 돈을 벌지 않으면 안 되는 상황에 처하게 된다. 아기를 낳는 것도 나중으로 미룬다. 세상 기준에 삶의 목표를 두고 정신 없이 살아가고 있는 경우가 대부분이다. 그러나 하나님의 자녀들은 달라야 한다. 이 세상을 따라 살면 안 된다. 물질적 부요함을 추구하기 보다 신앙을 우선순위에 두는 삶을 살아가야 한다. 재물을 많이 갖는 것 자체가 문제가 아니라 돈을 사랑하는 것이 큰 문제이다. 그것 때문에 서로가 알아가고 하나님의 방식으로 가정을 든든히 세워가는 영적인 일들을 포기하게 되는 것이다. 행복은 소유의 많고 적음에 달려 있는 것이 아니다. 소유에 온 마음과 정신을 빼앗기는 틈만 보이면 사단은 그 가정을 흔들어 무너지게 만든다. "내 소유는 이것이니 곧 주의 법도를 지킨 것이니이다"(시 119:56).

돈이 많으면 행복해질 거라는 생각은 허상이다. 만약에 돈이 행복을 가져다 주는 것이라면 부자들은 다 행복해야 하지 않을까? 선진국은 잘 살기 때문에 행복지수가 높아야 되지 않을까? 그러나 오히려 가난한 나라에서 행복지수가 높다는 연구결과가 나왔다. 연구결과가 보여주듯 돈은 우리들의 삶을 조금 편안하게 해줄 수 있을지 모르지만 행복을 보장해 주지는 않는다. 그러기에 신혼부부들의 소유는 하나님의 말씀에 순종하는 것이 되어야 한다. 그것이 최고의 자산이요 최고의 보물을 소유하는 것임을 알아야 한다.

어려울 때, 고통스러울 때 내 곁에서 지켜주는 아내와 친구와 이웃이 있는 자가 진정으로 행복한 자일 것이다. 돈을 쫓아가다 보면 하나님도 잊어버리고 결국은 부부 사이도 서먹해지고 자녀들과의 관계도 친밀하지 않게 된다. 또한 이웃도 우리가 어려움을 당할 때 아무런 도움을 주지 못하는 신세가 되고 말 것이다. 돈보다 하나님만을 사랑하는 사람들이 되어서 돈이 주는 혜택과 비교할 수 없는 주님의 것으로 만족하며 살아야 한다.

4. 청지기의 사명

"이는 우리가 다 반드시 그리스도의 심판대 앞에 드러나 각각 선악간에 그 몸으로 행한 것을 따라 받으려 함이라"(고후 5:10).

우리가 언젠가는 주님 앞에 설 때에 이 땅에 살면서 행동한 모든 것을 저울로 달아볼 날이 반드시 온다고 하는데, 대충 적당하게 살 수 없지 않는가? "우리의 년수가 칠십이요 강건하면 팔십이라도 그 년수의 자랑은 수고와 슬픔뿐이요 신속히 가니 우리가 날아가나이다"(시 90:10). 신속히 가는 세월을 잡을 수 없는 인생들이기에 우리에게 주어진 시간들을 잘 사용하는 지혜와 능력이 필요하다. 하나님께서 우리에게 주신 귀한 선물들을 얼마나 소중하게 여기고 귀하게 여겼는지 반드시 셈하는 날이 있기 때문이다. 부모님들에게 행한 것과 아내와 남편들에게 마땅히 할 일을 잘 감당했는지도 물으실 것이다. 또한 귀하고 예쁜 자녀들을 우리에게 선물로 주셨는데 그들에게 마땅히 갈 길을 얼마나 잘 가르쳤는지도 물으실 것이다. 교회에서 목사님을 대하는 태도와 성도들과의 교제를 통해서 그리스도의 사랑을 얼마나 실천했는지도 물으실 것이고 우리에게 주신 재능과 물질을 사용해 얼마나 귀하게 청지기의 사명을 잘 감당했는지도 점검하실 것이다. 우리에게 재능을 주신 분도 하나님이시기에 얼마나 하나님의 방법으로 잘 쓰여 졌는지를 셈 하실 것이다.

결혼 전에는 부모님 밑에서 풍족하게 물질을 사용한 자녀들이 결혼 후에 그런 습관을 버리지 못하고 사치스러운 일들을 계속할 때 가정은 무너지게 된다. 검소한 생활이 몸에 배어나는 훈련을 하지 않으면 돈에 노예가 될 뿐이다. 분수에 맞게 물질을 사용하는 법을 배우지 않으면 행복한 결혼생활을 유지하기가 어렵기 때문이다. 수입을 먼저 생각하고 지출을 계획하는 지혜를 배워야 한다. 세상은 수입을 고려하지 않고 지출을 먼저 하도록 부추기고 있다. 그러나 결혼 후에는 모든 물질이 두 배로 들어가는 것을 알아야 한다. 의식주의 필요한 모든 것이 일인용이 아니라 두 사람의 필요를 채워주는 것이어야 하기 때문에 절약하지 않으면 물질의 어려움을 겪게 된다. 대부분 결혼생활의 문제점이 돈이기 때문에 이 문제에 사단이 틈타지 못하도록 노력해야 한다. 돈을 효율적으로 사용하는 것도 지혜를 발휘해야 한다. 하나님께서 우리에게 주신 시간과 물질을 기도하는 마음으로 잘 사용하는 자가 칭찬을 받을 것이다. 나를 위한 것이 아닌 주님을 위해서 쓰여 지는 것이면 더 많은 기쁨과 행복을 누릴 것이다. 물질을 잘 사용하는 자가 돈을 사랑하지 않고 하나님을 사랑하는 행동으로 변해 갈 것이다. 우리 인생의 모든 것을 점검하실 분이 하나님임을 명심하고 청지기로서의 사명을 잘 감당해야 할 것이다.

5. 함께하는 재정관리

"부자는 가난한 자를 주관하고 빚진 자는 채주의 종이 되느니라"(잠 22:7).

이 세상의 모든 사람들은 부자가 되기 위해서 몸부림을 치고 있다. 돈이 주는 힘이 막강하기 때문이다. 이 세상에 가난한 자는 항상 있을 것이라고 성경은 말한다. 그러나 누구도 가난한 사람이 되고 싶지는 않을 것이다. 저마다 부자로 살고 싶은 마음이다. 모든 분야에서 돈이 없으면 사람구실을 제대로 하지 못하기 때문이다. 또한 결혼을 하기 위해서는 많은 물질이 필요할 것도 사실이다. 결혼해서 살 집을 장만하기 위해서 은행에 융자를 받는 자들이 대부분일 것이다. 현대사회의 소비의식은 물건을 먼저 사고 돈은 나중에 지불하는 신용카드가 대세이다. 어느 누구도 이런 제도에서 피해갈 수가 없다. 세상은 우리를 돈의 노예로 만들어 가고 돈에 집착하지 않으면 살 수 없게 만들어 가고 있다. 그래야만 하나님과 멀어지고 믿음을 지킬 수 없기에 광명한 천사로 가장한 사단은 늘 우리에게 속삭이고 있는 것이다.

돈을 사랑하는 것이 일만 악의 뿌리라고 성경은 말한다. 돈은 이 땅에 살면서 우리에게 필요한 것이지 사랑의 대상이 아니라는 것을 가르쳐 주신 것이다. 돈의 유혹에 이끌려 지금도 수많은 젊은이들이 행복한 결혼생활을 하지 못하고 불행한 삶을 살아가고 있음을 우리 주위에서 쉽게 목격할 수 있다. 결혼 전에 물질관을 바로 갖지 않으면 결혼생활의 수많은 걸림돌에 넘어지기 쉽다. 결혼을 했으면 남자는 부양의 책임을 다해야 할 것이고 아내도 가정의 대소사의 일들을 통해서 물질 사용을 적절히 하는 것을 배워야 한다. 결혼 전에는 부모 밑에서 풍족하게 살았을지라도 결혼 후에는 더 이상 부모의 도움을 받는 것은 옳지 못한 행동이다. 부모를 떠나서 부부가 하나 되는 삶을 살아야 하기 때문이다. 이혼의 주 원인은 성격차이지만 돈 때문에 이혼하는 경우도 많다. 결혼 후에는 서로가 물질을 공동으로 사용해야 한다. 결혼 전에 있는 아내와 남편의 재산과 빚도 결혼 후에는 같이 누리고 빚이 있으면 같이 노력해서 갚아야 한다.

부부의 수입은 투명하게 같이 관리하는 것이 현명한 처사이다. 맞벌이 부부들이 많아지고 있기 때문에 내 것 네 것으로 구분하는 일은 지혜로운 방법이 아니다. 예를 들어서 남편이 재산이 아주 많은 부자인데 늘 아내가 돈이 없어서 궁상맞게 산다면 합당 하겠는가? 반대로 아내는 가지고 있는 수입이 많은데 남편은 돈이 없어서 허덕이는 삶을 산다면 주님 앞에 옳은 삶은 아닌 것이다. 배우자에게 재물을 많이 주신 것은 부부가 함께 관리하고 누리라고 주신 것임을 명심해야 한다. 부부가 서로 수입에 맞추어서 같이 함께 누리고 절약하는 삶도 배워가야 하는 것이다. 또한 지출과 예산을 잘 세워서 돈이 어디로 흘러가고 있는지 점검이 필요하다. 과도한 지출로 경제적인 어려움이 오게 되면 부부 사이의 틈이 생기기 때문에 조심해야 한다. 그래서 부부가 서로 의논하여 지출 항목을 결정하고 꼭 필요한 것만 소비할 수 있도록 노력해야 한다.

　돈 관리를 어떻게 하는 가에 따라 세상의 얽매이지 않고 자유를 누리면서 기쁘게 신앙생활을 할 수 있다. 돈에 집착하는 삶은 건강도 해치고 메마른 삶을 살아가기가 쉽기 때문이다. 정서적으로 부부가 안정감을 갖고 살기 위해서는 서로에게 필요한 용돈은 각자가 사용할 수 있을 정도로 소유하고 있어야 한다. 아내가 필요한 것을 구입할 때마다 남편에게 돈을 타 쓰면 불편하고 성취감도 없고 자존심도 때로는 무너지는 경우가 있기 때문이다. 남편들도 점심값이나 커피값 등 필요한 것을 자유스럽게 쓸 수 있도록 여유 돈을 가지고 다녀야 하지 않겠는가? 돈은 쓰려고 버는 것이지 쌓아만 두는 것은 아닐 것이다. 적당히 쓰고 절약해서 미래의 삶도 준비하는 지혜가 있어야 한다. 자녀를 키울 때 교육비가 많이 들어가기 때문에 결혼 후에는 이 부분을 잘 준비해 두어야 한다. 현재의 삶에서 욕심을 너무 부리지 말고 수입에 맞추어서 절약하며 살아야 한다. 미래의 삶을 준비하기 위해서는 항목을 정해두고 저축하는 지혜를 발휘하도록 하자. 부부가 힘을 합해서 돈을 잘 관리하여 하나님이 기뻐하는 삶을 살아야 할 것이다.

6. 하늘에 쌓는 보물

"너희를 위하여 보물을 땅에 쌓아 두지 말라 거기는 좀과 동록이 해하며 도적이 구멍을 뚫고 도적질하느니라 오직 너희를 위하여 보물을 하늘에 쌓아 두라 거기는 좀이나 동록이 해하지 못하며 도적이 구멍을 뚫지도 못하고 도적질도 못하느니라 네 보물 있는 그 곳에는 네 마음도 있느니라"(마 6:19-21).

세상 사람들은 보물을 땅에 쌓아 두지만 그리스도인들은 하늘에 쌓아 두어야 한다. 그것이 제일 안전한 투자이기 때문이다. 재물을 모으기 위해서는 수십 년이 걸리는 경우가 대부분이다. 한평생 재물만 모으고 사는 사람들도 주변에서 많이 볼 수 있다. 그러나 재물은 영원한 것이 아니기에 순식간에 없어지기도 한다. 그 때 땅을 치고 통곡을 한들 없어진 재물은 다시 돌아오지 않는다. "네가 어찌 허무한 것에 주목하겠느냐 정녕히 재물은 날개를 내어 하늘에 나는 독수리처럼 날아가리라"(잠 23:5). 하나님께서 지켜주시는 것이 가장 안전하다. 우리는 보물이 있는 곳에 늘 마음이 가기 때문에 하늘에 소망을 두고 사는 그리스도인은 하늘에 보물을 쌓아 두어야 한다. 자기의 보물이 가장 안전한 곳에 있다면 모든 사람들이 그곳을 이용할 것이다. 이 땅에 삶이 전부가 아니기 때문에 구원 받은 하나님의 백성들은 물질을 하나님 앞에 두어야 한다는 것이다.

신앙생활 중에 가장 민감한 부분이 헌금하는 부분일 것이다. 헌금을 얼마나 많이 하는 것이 중요한 것이 아니라 마음과 함께 온전히 드리는 것이 중요하다. 하나님께서는 억지로 또는 인색함으로 헌금하는 것을 기뻐하시지 않는다. 헌금은 주님께서 우리에게 베풀어 주신 구원과 한없는 사랑에 늘 감사하는 마음으로 드려야 한다. "만군의 여호와가 이르노라 너희의 온전한 십일조를 창고에 들여 나의 집에 양식이 있게 하고 그것으로 나를 시험하여 내가 하늘 문을 열고 너희에게 복을 쌓을 곳이 없도록 붓지 아니하나 보라"(말 3:10). 결혼해서 물질의 복을 누리고 싶지 않은 부부가 어디 있겠는가? 온전한 십일조를 하면 하늘 문을 열고 복을 주신다는 하나님의 약속이다. 그것도 쌓을 곳이 없도록 넘치게 주신다는 것이 아닌가? 이러한 복을 어느 누가 장담하고 줄 수 있을까? 만군의 여호와 하나님만이 하실 수 있는 일이다.

십분의 구도 아니고 십분의 일을 바치라는 것은 얼마나 큰 사랑이신가? 이 땅에서 쓸 일이 많은 인생들임을 아시고 십분의 일만 바치라고 하셨는데 그것도 아까워서 드리지 못한다면 복을 받을 생각을 하지 말아야 한다. 물론 십 분의 구도 하나님의 것이기 때문에 내 마음대로 사용하는 것이 아니라 주님의 기뻐하시는 용도로 사용되어야 한다. 헌금은 내 마음대로 하는 것이 아니다.

"이러므로 내가 이 형제들로 먼저 너희에게 가서 너희의 전에 약속한 연보를 미리 준비케 하도록 권면하는 것이 필요한 줄 생각하였노니 이렇게 준비하여야 참 연보답고 억지가 아니니라 이것이 곧 적게 심는 자는 적게 거두고 많이 심는 자는 많이 거둔다하는 말이로다"(고후 9:5-6). 주님의 크신 사랑과 긍휼하심에 늘 감사하는 마음으로 준비하는 헌금이 되어야 한다. 적당히 드리는 것은 결코 하나님이 기뻐하는 헌금이 아닐 것이다. 만군의 여호와 하나님께 드리는 헌금을 기쁘게 정성을 다해서 해야 할 것이다. 주님께서 물질의 복을 주셔서 부자로 사는 자는 헌금을 더 많이 해야 마땅할 것이다. 내 것이 다 주님의 것임을 보여주는 헌신의 자세로 말이다.

성도들이 십일조의 생활을 잘 한다고 하면 교회재정의 큰 힘이 될 것이다. 교회가 늘 재정이 부족해서 하나님의 일을 마음껏 할 수 없다면 얼마나 안타까운 일인가? 구제와 선교와 복음 전하는 모든 일들이 성도들의 헌금으로 되는 것이다.

"하나님이 능히 모든 은혜를 너희에게 넘치게 하시나니 이는 너희로 모든 일에 항상 모든 것이 넉넉하여 모든 착한 일을 넘치게 하게 하려 하심이라 기록한바 저가 흩어 가난한 자들에게 주었으니 그의 의가 영원토록 있느니라 함과 같으니라 심는 자에게 씨와 먹을 양식을 주시는 이가 너희 심을 것을 주사 풍성하게 하시고 너희 의의 열매를 더하게 하시리니 너희가 모든 일에 부요하여 너그럽게 연보를 함은 저희로 우리로 말미암아 하나님께 감사하게 하는 것이라"(고후 9:8-10). 우리의 모든 필요를 채워주시는 하나님께 힘에 지나도록 감사의 예물을 드리는 삶이야말로 주님이 나의 모든 것임을 고백하는 삶일 것이다.

이 세상은 돈으로 살 수 없는 것들이 얼마나 많은지 모른다. 가정의 행복을 돈으로 살 수 있는 사람들은 아무도 없다. 돈이 많다고 해도 건강한 삶을 보장 받을 수 없는 연약한 인생들임을 알아야 한다. 주님이 우리에게 이 모든 것을 허락하지 않으면 아무 것도 이 세상에서 누릴 수 없음을 깨닫고 믿음의 눈으로 세상을 바라볼 수 있어야 한다. 물질의 복도 주님이 주시는 것에서 누릴 수 있는 것이다. 재물에 우선순위를 두는 미련한 삶을 살지 말기를 바란다. 재물보다 더 귀한 주님이 주시는 신령한 복이야 말로 이 땅에서 누릴 수 있는 최고의 선물이다. 마음을 드리는 감사의 예물은 우리들의 삶을 더 풍요롭고 행복하게 해 줄 것이다. 모든 것이 주님께로부터 왔으니 감사하는 마음으로 모든 것을 드리는 것이 당연한 것이다. 헌금생활의 가장 기본은 주님의 은혜에 감사하는 겸손한 마음이다. 인색함이나 억지로 드려서 하나님의 사랑을 경험하지 못하는 어리석은 사람이 되지 말기를 바란다. 돈보다 더 귀한 신령한 하나님의 은혜를 무엇으로 바꿀 수 있단 말인가? 부부가 늘 같은 마음으로 하나님의 것을 하나님께 드리는 신령한 믿음의 생활을 잘하여 이 땅에서 누릴 수 있는 최고의 신령한 복을 누리기를 소망한다.

"내가 두 가지 일을 주께 구하였사오니 나의 죽기 전에 주시옵소서 곧 허탄과 거짓말을 내게서 멀리 하옵시며 나로 가난하게도 마옵시고 부하게도 마옵시고 오직 필요한 양식으로 내게 먹이시옵소서 혹 내가 배불러서 하나님을 모른다 여호와가 누구냐 할까 하오며 혹 내가 가난하여 도적질하고 내 하나님의 이름을 욕되게 할까 두려워함이니이다"(잠 30:7-9). 하나님을 소유하지 못한 자가 가장 가난한 자요 불행한 자요 미련한 자일 것이다. 그러나 하나님을 소유한 자가 이 세상에서 가장 큰 부자요 행복자이다. 재물이 우리를 지켜주고 행복하게 해주는 것이 아님을 명심하라. 그럼에도 불구하고 재물을 쫓아가는 삶을 사는 자들이 천치이다. 결국은 멸망의 길을 갈뿐이다. 그러나 하나님의 자녀들은 가장 소중하고 귀한 주님의 말씀을 지키는 것이어야 한다. 이 땅에서 우리에게 주신 물질을 선하고 아름답게 사용하는 훈련을 통해서 다른 사람들에게 유익을 주는 지혜로운 사람들이 되어야 한다. 결혼한 사람들은 내가 아닌 배우자에게 헌신하는 것이고 자녀들에게 사랑과 헌신을 보여주어야 한다. 더 나아가서 교회의 유익을 주는 신앙인으로서 책임을 다해야 하며 물질을 하나님의 것으로 알고 충성을 다해야 할 것이다. 그리고 가난하고 병들고 연약한 자에게 사랑을 실천하며 고아들과 과부들에게 주님의 사랑으로 다가가야 한다. 주님께서 나에게 맡겨주신 재물을 잘 사용하여 하늘에서 주님께 칭찬받는 그리스도인으로 주의 보좌 앞에 서야한다.

13장_ 중년부부의 깊은 사랑

사람은 이 땅에 태어나면서부터 자람과 성장이 있다. 키와 지혜가 자라며 세월이 흐를수록 새로운 많은 지식을 알아가며 분별력도 생기게 된다. 어른이 되어가는 훈련을 통해서 사회성이 발달하며 더불어 살아가는 모습을 볼 수 있다. 성장하지 않는 사람은 죽은 사람이나 다름없다. 다른 동물과 달리 사람은 수명이 점점 길어지고 있는 추세이다. 신입사원이 처음에는 직장이 어설프고 낯설지만 그 직장을 통해서 적응력을 키워가며 실력을 향상시킨다. 자기 자신의 발전을 위해서 밤잠을 설치면서까지 수많은 노력을 통해 지위가 점점 올라가는 모습을 볼 수 있다. 한 분야의 전문인이 되기까지는 나름대로의 수고와 헌신이 없이는 이루기가 힘들다.

마찬가지로 결혼생활도 계속적인 성장이 있어야 한다. 신혼초기의 결혼 생활과 10년 20년 이후의 결혼생활은 분명히 달라져야 한다. 서로를 알아가는 단계를 벗어나서 사랑의 깊이가 더 깊어져야 마땅한 것이 아니겠는가? 그러나 현실을 바라보면 이혼의 수효가 결혼 20년차 이후의 부부가 더 많아지고 있다는 통계이다. 미국에서도 이혼율이 중년부부의 수가 더 늘어가고 있는 현상이다. 이것은 매우 슬픈 현상이다. 평생토록 함께 살면서 행복한 가정을 이룬다는 것은 정말 쉬운 일이 아니다. 이혼하는 것과 재혼하는 것은 하나님이 허락하시는 것이 아니다. 재혼의 경우 배우자가 죽으면 할 수 있다. 그러나 부부의 이혼은 간음한 것이 아니라면 죽음이 갈라놓을 때까지 함께 살아야 하는 것이 하나님의 명령이다. 자녀들을 다 키워놓고 부부가 하나되지 못하고 각자의 갈 길을 걷는다든지, 독립하고 싶다고 수많은 부부들이 이혼하는 일들을 너무 쉽게 접하고 있다.

자녀들을 키울 때는 그들이 부부를 맺어주는 끈이 되었지만 더 이상 부모의 간섭이 없이도 잘 살아가는 자녀들을 볼 때 허탈감과 상실감이 밀려오는 시기가 중년부부의 삶일 것이다. 그러나 이때야말로 부부가 더 많은 행복감을 누릴 수 있는 절호의 기회로 알고 서로가 노력해야 한다. 부모님 봉양하고 자녀들 키우느라 정신 없이 바쁜 시기를 보내오지 않았는가? 이제 둘만의 시간을 잘 활용하여 이전의 삶보다 더 풍요롭게 살아가야 한다. 하나님의 사랑은 결혼 초기에도 함께 하시고 결혼 후반기나 노후에도 늘 우리들의 삶을 간섭하시고 지켜주시며 함께 하시는 것이다. 세상 사람들하고는 달리 하나님의 풍성하신 사랑과 은혜로 결혼 후반기의 삶도 더욱 알차게 살아야 한다. 따라서 본 글에서 중년이 된 부부들이 어떻게 더 깊은 부부의 사랑을 느끼면서 행복을 만들어 가는 삶을 꾸려갈 것인지를 다루고자 한다.

1. 주께서 우리를 용서하심과 같이

"서로 인자하게 하며 불쌍히 여기며 서로 용서하기를 하나님이 그리스도 안에서 너희를 용서하심과 같이 하라"(엡 4:32).

결혼 전에는 서로가 사랑의 꽃을 피우며 열렬하게 사랑하는 사이였지만 결혼 후에는 갈수록 식어가는 마음을 어떻게 해야 하는가? 결혼 생활이 길어질수록 서로가 점점 단점을 캐내는 달인이 되어가고는 있지 않는가? 배우자의 약점을 누구보다도 더 잘 알고 있기에 기회만 있으면 참지 못하고 발설하는 못된 습관은 없는가? 허물 많은 여자와 허물 많은 남자가 결혼하였는데 아무런 노력이 없이 행복해지는 것은 불가능한 일이다. 성경에는 가정의 질서를 세우기 위해 아내에게는 남편에게 복종하는 역할을 주셨고 남편에게는 아내를 자기 몸같이 사랑하라는 역할을 주셨기 때문에 끊임없이 복종과 사랑의 연습을 해야 행복을 만들어 갈 수 있다. 그러나 우리들의 현실은 어떤가? 서로에게 상처를 입히고 그것도 모자라 무관심의 냉냉한 기류를 흘려보내고 있지는 않는가? 더 사랑하고 더 잘 이해하고자 노력하는 모습은 전혀 나타내지는 않는가?

남편의 허물을 너무나 잘 아는 아내이기에 기도의 훈련이 철저히 이루어져야 한다. 허물을 말하기 보다는 기도하는 모습을 통해서 성령님이 더 나은 남편의 모습을 만들어 가고 있는 것이기 때문이다. 아내의 눈물과 헌신과 복종의 자세는 남편다운 남편을 만들어 가는 기초가 되는 것이다. 완벽한 사람하고 사는 것이 아니기에 실수가 많을 수 있다. 그러나 그때에 주님이 주시는 지혜를 발휘해서 하나님 앞에서 견고한 믿음으로 행동해야 한다. 남편의 허물을 말하는 아내는 자기 얼굴에 침을 뱉는 것이다. 자녀들에게도 아버지의 권위를 세워주어야 함에도 불구하고 함께 흉을 본다는 것은 사단의 밥이 되는 것이다.

남편들도 늘 아내에게 잘못한 것이 있으면 용서를 구해야 한다. 완벽한 사람이 아니기에 약속을 어기기도 하고 화를 내는 경우가 얼마나 많은가? 밖에서의 일이 잘 풀리지 않으면 집에 와서 화풀이 하는 남편들은 회개해야 한다. 아내와 자녀들은 여러분들이 돌보고 사랑해야 하는 것이지 화풀이 하도록 하나님께서 주신 선물이 아니다. 자녀들에게도 실수 한 것이 있으면 잘못했구나! 미안하구나! 용서해 줄 수 있겠니? 라며 용서의 언어를 적절하게 사용하는 아버지가 되어야 한다.

그리스도인들의 용서는 가정에서부터 배워야 하고 하나님이 나를 용서하신 것처럼 어디에서나 용서할 줄 아는 넉넉한 사람들이 되어가야 한다. 아버지가 어머니에게 용서를 구하는 모습을 보면서 자라는 자녀들은 용서가 무엇인지를 배울 수 있을 것이다. 어머니가 아버지를 용서하는 분위기에서 자랄 때 심령의 평안과 기쁨을 누릴 수 있을 것이다. 우리 모두는 죄인이기에 용서를 통해서 하나님의 자녀로서의 품위를 지켜야 한다. 용서하는 마음이 없으면 마음이 강퍅해지고 용서를 구하는 마음이 없으면 고독하고 외로운 감옥에서 사는 것과 다를 바가 없을 것이다.

용서는 계속되어야 한다. 또한 용서한 일은 잊어버리는 마음의 태도가 있어야 한다. 사단은 우리들의 마음의 번민과 고통을 안겨주는 사건들을 너무나 잘 알고 있기 때문에 계속 기억하게 만든다. 그래서 용서도 훈련이 필요하다. 화를 잘 내는 사람들을 보면 점점 그 강도가 높아지는 못된 습관들이 나타나고 있는 모습을 볼 수 있다. 소리치고 화내는 못된 습성을 버리지 못하면 사단은 즉각적으로 틈을 타서 부부의 관계가 서먹해진다. 미워하게 되고 마음의 불안으로 인해 가정생활을 평화롭게 이끌어 가기가 어려워지게 만든다. 우리가 회개하고 용서를 구하면 기억도 안 하시는 하나님의 성품을 닮아가는 부부가 되어 간다. 잘못과 실수를 평생 기억하며 고통 속에서 헤어나오지 못하면 건강한 결혼생활을 유지할 수 없다. 용서가 없는 결혼생활은 평안과 기쁨의 열매를 맺지 못하는 것이다.

2. 감사는 또 다른 감사를

"항상 기뻐하라 쉬지 말고 기도하라 범사에 감사하라 이는 그리스도 예수 안에서 너희를 향하신 하나님의 뜻이니라"(살전 5:16-18).

감사하라는 것은 하나님의 명령이다. 연약한 인생들에게 주시는 하나님의 놀라운 사랑과 은혜는 말로다 형용할 수 없는 것이기에 범사에 감사하라는 말씀을 하신 것이다.

특별히 가정생활에서 드려지는 감사는 날마다 더 풍요로워야 한다. 아내와 남편과 자녀와 부모와 친척과 친구를 주신 하나님께 늘 감사해야 한다. 외롭게 혼자 두지 아니하시고 부부가 믿음 안에서 하나 되게 하시고 이 땅에서의 수고를 통해서 수확물을 거두며 주님을 섬기는 특권을 허락하셨으니 이 얼마나 놀라운 일인가? 아내가 정성스럽게 만들어 준 음식을 먹으면서 늘 감사하는 마음의 표시를 하고 있는가? 아니면 당연하게 생각하고 고맙다는 말을 하지도 않는가?

식탁에서의 대화는 그 가정의 영적 수준을 알 수 있는 좋은 기회이다. 아버지가 늘 맛있게 먹으며 아내에게 감사하다는 말의 표현과 함께 진심이 담긴 사랑의 메시지를 전달해 주는 가정은 복된 가정일 것이다. 아내의 소중함과 먹을 것에 대한 감사의 말은 하나님께서 기뻐하시는 것이다. 아버지가 어머니에게 늘 고마워하는 말을 듣고 자란 아이는 똑같이 어머니에게 감사하는 마음으로 음식을 대하며 존경을 표할 것이다. 서양에서 가장 많이 사용되는 언어는 '감사합니다', '미안합니다'라는 말이다. 이것을 어려서부터 철저하게 훈련을 시킨다. 예를 들면 누군가에게서 선물을 받으면 '감사합니다'라는 말을 하지 않고는 선물을 풀어보지 못하게 한다. 혹 당사자가 그 자리에 없으면 전화를 하거나 어떻게 해서라도 감사의 표현이 우선 되어야지만 궁금한 선물을 볼 수 있게 만든다. 왜냐하면 감사가 없이는 인격의 성숙을 기대하기가 어렵기 때문이다. 이 세상에는 공짜가 없다는 것을 자녀들에게 가르쳐주는 것이 부모들의 도리이기 때문이다.

감사는 몸에서 익숙하게 베어 나와야 한다. 우리도 어렸을 때 다른 사람들이 무엇을 주면 감사하라고 부모가 늘 가르쳐 주셨음을 기억한다. 아이들은 시키는 대로 따라하며 감사가 정말 중요하다는 것을 배우게 된다. 그러나 아이들이 점점 커가면서 감사하다는 말이 인색해지고 더 나이가 들수록 감사의 말을 하지 않는 경우가 너무나 많다. 무엇보다도 한평생 같이 살아야 하는 부부는 서로에게 감사의 마음과 표현을 하는 것은 행복한 노후를 보내는 아주 중요한 덕목이다. 불평하는 것은 하나님 앞에서 교만한 것이다. 남편이 한 달 동안 수고의 땀을 흘리면서 받아온 월급에 늘 감사하다는 표현을 아내들은 하고 있는가? 아니면 수입이 적다고 불평하지는 않는가? 적은 수입이지만 수고의 땀을 흘린 대가는 하나님이 귀하게 쓰실 것이다. 늘 남편에게 '여보 수고했어요', '정말 고마워요', '당신이 수고한 것 잊지 않고 절약하며 알뜰하게 잘 사용할게요!'라고 감사의 표현을 하는 사랑스러운 아내가 되어야 한다.

감사에는 또 다른 감사를 깨닫게 하는 비결이 숨어 있다. 범사에 감사하다는 것은 모든 삶 속에서 하나님을 인정하며 전폭적으로 하나님만을 신뢰한다는 것이다. 죄와 허물로 죽은 인생들을 살려주신 하나님의 은총을 생각하자. 죽은 자를 살려주시고 산자를 영원토록 살게 하시는 하나님의 은혜를 기억하며 서로에게 감사하며 살아야 한다. 나같이 허물 많고 불안정한 사람을 배우자로 맞이해서 한평생 해로하며 산다는 것은 기적이 아니고 무엇인가? 결혼생활은 감사의 보화들을 하나씩 하나씩 캐내는 실력들을 쌓아가는 삶이어야 한다. 중년부부들의 감사는 젊은 신혼부부들이 따라갈 수 없는 성숙한 믿음에서 우러나오는 자연스러운 것임을 보여주어야 할 것이다. 지금까지 살아오면서 감사가 많았는지 불평하는 것이 많았는지 내 자신 스스로 점검하는 시간을 가져보라.

하나님께서 각자에게 귀한 배우자를 주셔서 행복하게 살라고 하셨는데 우리는 얼마만큼 그 기대에 부응하며 살아왔는가? 아무리 훌륭한 배우자라도 감사의 표현이 없는 가정에서 산다는 것은 불행한 것이다. 서로에게 감사할 때 상대방에게 가능성을 보여주고 하나님의 은혜를 경험하게 하는 기초가 될 것이다. 세상은 하나님께 감사치도 않는 무례함을 범하고 있다. 그러나 믿음의 자녀들은 늘 가정 안에서 감사가 무엇인지를 배워야 한다. 또한 감사하는 습관이 훈련을 통해서 몸에 베어나는 신실한 사람들이 되어야 한다. 감사는 겸손을 배우게 하며 그 겸손이 하나님의 성품을 닮아가는 것이다.

3. 칭찬은 부부도 춤추게 한다

"근심이 사람의 마음에 있으면 그것으로 번뇌케 하나 선한 말은 그것을 즐겁게 하느니라"(잠 12:25).

다른 사람들을 칭찬하는 것은 분명 선하고 아름다운 말이다. 격려해주고 위로해주는 사람은 심령이 안정된 사람일 것이다. 일주일에 한 번씩 신혼부부들과 성경공부를 할 때면 자주 서로 칭찬을 하도록 했다. 그들이 싸우지 않고 정말 잘 살 수 있을까 하는 염려가 있지만 한주간의 삶을 되돌아보게 하면서 부부가 싸우지 않는 것에 늘 칭찬을 아끼지 않았다. 그들은 싸우지 않는 것에 신기해하면서 본인들도 대단한 일들을 한 것처럼 자랑스럽게 말하곤 했다. 그렇다 부부가 결혼해서 싸우지 않는 것은 기적이요 인간의 힘으로 할 수 없는 어려운 일임이 분명하다. 그러나 서로 칭찬하는 것이 일상이 되면 불가능한 것만은 아니라는 것을 알게 될 것이다.

결혼 전에는 서로의 다른 것에 매력을 느끼지만 결혼 후에는 다른 것 때문에 마음고생 하며 불편해 하는 것이 우리들의 현실이다. 그러나 나와 다른 것을 칭찬해 주며 격려해 줄 때 배우자에게서 놀라운 사랑의 힘을 느낄 수 있게 된다. 남자와 여자가 다르고 서로 부모가 다르고 살아온 배경이 다른 사람들끼리 만나 한평생 살아야 하는 것이 결혼생활인데 어찌 만만하게 볼 수 있겠는가? "선한 말은 꿀송이 같아서 마음에 달고 뼈에 양약이 되느니라"(잠 16:24). 배우자에게 칭찬하는 것은 돈으로 살 수 없는 엄청난 힘을 공급해 주는 것임을 알아야 한다. 말로만 하는 것이 아니라 상대방을 사랑하는 마음으로 진심을 다해서 칭찬하는 것은 큰 용기와 무한한 가능성을 표출하게 만드는 기회로 삼을 수 있다.

결혼 전에는 부모들이 자녀들의 소질을 개발해 주고 키워주는 역할을 담당한다. 그러나 결혼 후에는 배우자들이 서로에게 관심과 사랑을 통해서 능력을 발휘하도록 도와주는 일을 해야 한다. 남편들을 격려해주고 칭찬을 해주므로 자신감을 가지고 마음껏 실력을 쌓을 수 있도록 도와주는 것이 아내들의 역할이다. 남편들도 늘 아내들을 사랑해주며 칭찬하는 일들을 통해서 즐겁게 집안일을 할 수 있도록 만들어 주어야 한다. 우리나라는 명절 이후에 이혼하는 부부가 평상시보다 더 많다는 통계가 나왔다. 명절에는 아무래도 남편들보다 아내들이 정신적, 육체적 스트레스에 시달린다. 그러나 믿음의 부부들에게 명절은 서로를 칭찬해 줄 수 있는 절호의 기회임을 기억하자. 남편이 있으므로 시댁식구들과 지낼 수 있는 좋은 기회로 삼고 섬김의 시간을 가져야 한다. 또한 처갓댁을 방문하며 사랑을 표현할 수 있는 좋은 기회임을 알아야 한다. 이러한 만남을 통해서 서로에게 칭찬의 말과 덕담을 해 준다면 그리스도인의 향기를 풍길 수 있지 않을까? 교만한 사람은 절대로 다른 사람들을 칭찬하지 않는다. 나보다 남을 낮게 여기는 마음이 없이는 상대방에 좋은 점을 발견하지 못하기 때문이다.

또한 관심과 사랑이 없으면 무엇을 어떻게 칭찬해 주어야 하는지 잘 모른다. 중년부부들에게 두드러지게 나타나는 현상은 칭찬을 해 주는 것보다 배우자가 못하는 것들을 서슴없이 말하는 모습이다. 서로에게 서운한 감정이 쌓여있으면 결코 선한 말을 할 수 없다. 그러나 다른 사람들 앞에서도 배우자의 칭찬을 해 줄 수 있어야 한다. 부부는 어느 누구와도 비교할 수 없는 친밀한 관계를 유지해야 한다. 이러한 것은 노력 없이는 이루어지기 힘들다. 사소한 일에도 늘 칭찬해 주는 것을 잊지 않는다면 서로가 풍성한 삶을 유지해 갈 수 있다. 지금부터라도 늦지 않았다. 배우자의 좋은 점을 발견해서 칭찬해 주는 습관을 갖도록 힘써 보자. 칭찬은 배우자의 모난 점을 깎아주는 역할을 할 것이다. 서로의 단점을 잘 보완해 주고 장점을 살려주기 위해서는 칭찬의 말 한마디가 큰 효과를 볼 수 있기 때문이다. 부모가 서로 칭찬해 주는 모습을 통해서 자녀들에게는 긍정적인 사고를 갖게 해 줄 것이다. 칭찬의 말이 무한한 가능성을 키워줄 수 있다. 가장 적절한 칭찬의 말은 나쁜 습관을 고쳐주기도 하고 좋은 것을 덧입히게 하는 힘이 들어있다. 가정 안에서의 칭찬의 소리는 하나님의 음성을 들을 수 있는 기회를 갖게 해 줄 것이다.

4. 사랑으로 키우는 사랑

"오직 사랑 안에서 참된 것을 하여 범사에 그에게까지 자랄지라 그는 머리
니 곧 그리스도라 그에게서 온 몸이 각 마디를 통하여 도움을 입음으로 연
락하고 상합하여 각 지체의 분량대로 역사하여 그 몸을 자라게 하며 사랑
안에서 스스로 세우느니라"(엡4:15-16).

가끔 심방을 하면 유난히도 거실에 있는 화초가 반짝반짝 윤기가
빛나는 가정을 볼 수 있다. 그 비결을 물어보면 화초에 쏟는 정성과
수고가 있음을 알 수 있다. 물을 주고 햇빛을 받을 수 있게 도와주고
잎사귀 하나씩 하나씩 깨끗이 닦아주는 수고를 아끼지 않음을 엿볼
수 있었다. 어떤 분은 화분에게 음악을 들려주는 일도 마다하지 않는
다고 하니 과연 그들의 정성은 대단한 것이다. 식물 하나에게도 이 같
은 정성을 들여서 키운다고 하는데 과연 결혼생활을 통해서 우리는
얼마만큼 수고와 정성을 기울여 성장해 왔는가?

아기가 태어나서 자라지 않으면 정상이 아니다. 성장발육 부진에
대한 부모의 근심과 걱정은 이루 다 말할 수 없을 것이다. 부부도 세
월이 흐를수록 사랑하는 마음으로 아름답게 자라야 하는 것이 마땅할
것이다. 서로간의 정서의 깊이가 더해져야 한다. 앞에서 언급한 것같

이 서로를 용서해 주어야 하고 늘 감사하는 마음을 가져야 할 것이며 칭찬을 통해서 더 나은 생활을 만들어 가야 하지 않겠는가? 어느 권사님이 한평생 살면서 남편에게 사랑한다는 말을 한 번도 들어본 적이 없다는 말을 했었다. 그 말을 들은 목사님은 남편에게 아내에게 사랑한다는 말을 해 보라고 권유하였다. 그러자 평생 한 번도 아내에게 사랑한다는 말을 못한 것에 후회하면서 사랑한다는 말을 하자마자 권사님의 눈에는 하염없는 눈물이 흘러내리는 것을 본 적이 있었다. 그때 나는 아내를 내 몸같이 사랑하라는 하나님의 말씀에 순종하는 것이 자기 자신을 죽이지 않으면 안 되는 것임을 알았다.

아내에게 가장 많이 들려주어야 하는 말이 "여보 사랑해요" "당신만을 영원토록 사랑할게요"라는 말임을 남편들은 명심해야 한다. 사랑의 말을 듣고 결혼생활을 하는 사람과 사랑한다는 말을 듣지 못하고 결혼생활을 하는 부부는 분명히 큰 차이가 있을 것이다. 지금부터라도 하루에 한 번씩은 꼭 아내에게 사랑한다는 말을 해주는 믿음의 남편들이 되시라. 그것이 곧 하나님의 말씀에 순종하는 것이다. 아내가 아닌 다른 여자를 마음에 품은 자는 불을 품고 사는 것이다. 아내들도 내 남편이 아닌 다른 남자를 사랑하는 것은 곧 하나님의 심판을 피할 수 없을 것이다. 부부는 함께 사랑을 열심히 키워가야 한다. 그리스도 안에서 우리를 향하신 하나님의 사랑으로부터 끊을 자가 없듯이 부부 사이도 어느 누구도 방해 할 수 없게 노력해야 한다. 서로가 방심하면 곧 포도원을 허무는 여우가 설치는 기회를 만들어 주기 때문이다. 즉 사단의 공격을 피할 수 없게 되는 것이다. 우리는 가정의 붕괴가 무섭게 밀려오는 시대에 살고 있다. 그렇기 때문에 조금이라도 한 눈을 팔아서는 안 되는 것이다. 요즘 세상에서 이혼은 더 이상 이상한 것이 아니다. 그러나 결혼은 만유의 주재자이신 하나님께서 제정해 주신 것이기에 소중하고 귀한 것이다. 반면에 하나님과 원수인 세상은 더 이상 결혼을 중히 여기지 않는다.

그리스도인들의 결혼관은 세상과는 달라야 한다. 살다가 헤어지는 것을 하나님께서 허락하신 적이 없다는 것을 명심해야 한다. 우리에게 행복하고 그리스도인답게 살라고 하나님께서 주신 배우자임을 알고 소중하고 귀하게 생각해야 마땅한 것이다. 하나님이 자녀들을 사랑하신 그 놀라운 사랑이 결혼생활에서도 나타나야 한다. 언약적인 하나님의 사랑을 입은 자녀들처럼 서로가 용납하고 사랑하는 일만이 우리들의 최대의 관심거리가 되어야 한다. 결혼생활을 통해서 아내들의 섬김과 헌신은 더 아름답게 열매를 맺을 것이다. 남편들을 존중하며 세워주는 믿음의 아내들이야말로 이 세상의 보배요 하나님께서 남편에게 주신 귀한 선물인 것이다. 남편들도 자신의 아내가 하나님의 딸임을 명심해야 한다. 세상에서 잠시 동안 나에게 맡겨주신 선물임을 알고 죽을 때까지 힘을 다하여 사랑해야 한다. 정결하고 흠 없고 깨끗한 신부의 모습을 갖추어갈 수 있도록 보살펴주며 단장해 주어야 한다. 아내는 남편의 사랑이 없으면 시들해지는 꽃과 같이 보기 흉한 모습이 되어 버린다.

자신의 아내가 늘 건강하고 아름답게 살기를 원한다면 사랑은 남편의 전매특허가 되어야 한다. 어느 누구도 자기 아내에게 함부로 대하지 못하도록 늘 아끼고 사랑해주며 관심과 애정 어린 사랑의 속삭임을 들려주어야 한다. 사랑은 중년부부에게 더 큰 에너지를 부어주는 힘이 되어서 성숙한 결혼생활을 할 수 있을 것이다.

5. 성년자녀, 끊임없는 사랑으로

"마땅히 행할 길을 아이에게 가르치라 그리하면 늙어도 그것을 떠나지 아니하리라"(잠 22:6).

자녀교육은 어릴 때부터 하나님의 말씀으로 교육하는 것이 가장 우수한 방법일 것이다. 그러나 예수님을 잘 알지 못했거나 신앙생활을 늦게 시작한 부모는 어떻게 해야 하는가? 주님 안에서는 절망이란 없다. 하나님의 말씀을 깨달았을 때부터 실천하는 것이 신앙의 도리이다. 성년이 된 자녀에게도 하나님의 사랑을 증거 하는 것은 얼마든지 할 수 있다. 물론 이 세상에 완벽한 부모는 없다. 특히 자녀교육은 완벽한 교과서가 있어서 그것대로 하면 잘되는 것이 아니기에 갈수록 어려운 것이다. 그러나 자녀들을 주신 분이 하나님이시기에 그 자녀에게 필요한 모든 지혜도 주님께로부터 오는 것임을 믿으라. 세상교육에 얽매이지 않고 기도하면서 키워가야 할 것이다. 그러나 갈수록 자녀교육이 심각해지고 있다. 어릴 때는 부모말씀에 순종해서 교회에 잘 나가고 믿음생활을 하는 것 같이 보였지만 커갈수록 자아가 더 강해지는 자녀들의 불순종을 감당하는 것이 너무 힘들어서 지칠 때가 한두 번이 아니다. 그렇다고 결코 실망과 낙심만 할 수 없다. 완벽한 우리들의 아버지 하나님이 계시기 때문이다. 하나님은 우리를 먹이시고 기르시고 가르쳐주시는 아버지이시다. 자녀들을 우리에게 주신 것은 사람을 의지하지 말고 하나님만을 의지하라는 것이다. 세상 어디에도 우리 자녀들에게 영생을 가르쳐주는 곳은 없다. 갈수록 부패하고 더럽고 오염된 것들로 자녀들의 사고를 엉망으로 만들어가고 있는 곳이 우리들이 살고 있는 세상이다.

더 철저하게 신앙교육을 시켜야 할 당위성은 날로 커진다. 비록 성년이 되었다고 해도 저들에게 가장 필요한 것이 물질이 아니라 신앙이라는 것은 믿음의 부모라면 어느 누구도 부인할 수 없다. 때로는 부모들이 어떻게 하는 것이 바른 교육인가를 염려하며 안타까워할 때가 많다. 판단이 잘 서지 않을 때가 많이 있기 때문이다. 자녀들은 다 컸다고 모든 일을 스스로 알아서 한다고 큰소리치지만 불안과 걱정 근심이 앞서기 때문에 마음 고생하는 부모가 얼마나 많은가? 그러나 분명한 것은 그들이 하는 모든 일들이 하나님보다 우선이 되어서는 안 된다는 것이다.

모든 일에 하나님께서 개입하셔야 하고 성령님의 인도를 받아야 한다. 성년이기 때문에 더 이상 부모의 관심이 필요 없는 것이 아니다. 어릴 때와는 방법이 다르겠지만 성년이 될수록 부모의 관심과 사랑은 더 필요하다. 하나님의 도우심도 더 간절하고 폭넓게 다가와야 할 것이고 세상과 타협하지 않는 믿음의 길을 가도록 끊임없이 도와주어야 한다. 자녀들이 각자의 배우자를 만나서 결혼하기까지 부모들은 방심해서는 안 된다. 때로는 믿지 않는 배우자를 데리고 와서 결혼한다는 말을 들을 때 얼마나 당혹스럽고 황당할 때가 많은지 모른다. 우리 자녀들이 누구를 만나며 누구와 교제하며 어떻게 처신하고 있는지 점검하지 않는 부모는 반드시 후회하게 될 것이다. 부모를 주심은 이때를 위함일 것이다. 방탕한 생활을 하지 않도록 철저히 관리하고 보호하고 교육하는 일을 쉬어서는 안 된다.

부모역할은 죽을 때까지 하는 것이기에 게을리 할 수 없는 사명이다. 물론 결혼과 함께 자녀들은 부모의 곁을 떠나지만 부모의 역할이 끝나는 것이 아니다. 사사건건 간섭하라는 것이 아니라 하나님을 잘 섬길 수 있도록 영적인 힘을 실어주며 격려해 주는 일은 쉼이 없어야 한다. 부모는 자녀들을 교육하고 훈계하는 책임이 있다. 그러나 하나님께서는 부모들이 하지 못하는 자녀들을 변화시키시는 일을 하신다. 그렇기 때문에 늘 끊임없는 기도가 필요한 것이다. 부모는 자녀들의 모든 것을 잘 알지 못하기 때문에 실수하는 일들이 수없이 많다. 그러나 실수가 없으신 하나님께서는 우리들의 자녀들을 안전하게 보호해 주시고 무궁한 사랑으로 키워주심을 믿어야 한다. 자녀들이 어른이 되어갈수록 부모의 기도는 절실한 것이다. 말보다 기도가 앞서는 부모가 되어야 하지 않겠는가? 부모 입에서 은혜스러운 하나님의 말씀이 흘러나올 때 낙심한 자녀가 새 힘을 얻을 것이고 진리 안에서 거룩한 삶을 살아 갈 기회가 그만큼 많이 주어질 것이다. 자녀교육은 성년이 되어도 계속되어야 하고 기도의 힘은 더 많아져야 할 것이며 사랑의 공급은 끊임없이 채워주어야 마땅한 부모일 것이다.

6. 부부, 삶의 주인공

"남편은 그 아내에게 대한 의무를 다하고 아내도 그 남편에게 그렇게 할지라 아내가 자기 몸을 주장하지 못하고 오직 그 남편이 하며 남편도 이와 같이 자기 몸을 주장하지 못하고 오직 그 아내가 하나니 서로 분방하지 말라 다만 기도할 틈을 얻기 위하여 합의상 얼마 동안은 하되 다시 합하라 이는 너희의 절제 못함을 인하여 사단으로 너희를 시험하지 못하게 하려 함이라"(고전 7:3-5).

자녀가 태어나기 전까지는 아무 문제없이 행복하게 지내온 부부들도 자녀들만 생기면 감당하기 어려운 일들이 수없이 발생하는 것이 현실이다. 그러기에 아기를 키우는 법을 비롯해서 자녀교육에 지대한 관심을 가지고 결혼 전에 공부하고 연구하는 것이 옳은 것이다. 무방비상태에서 자녀를 키우는 것은 부부생활에 어려움을 안겨다 주기 때문이다. 그 결과 자녀들로 인해 부부관계가 소홀해 지고 남편은 항상 뒷전으로 밀리는 경우가 대부분이다.

현대사회는 경쟁의 시대이다. 자녀교육도 마치 경쟁하듯이 키우는 것 같다. 다른 아이들보다 내 자녀가 모든지 더 잘해야 하고 우수한 성적으로 공부해야 하고 좋은 대학에 다니기를 바라는 것이 부모들의 지대한 관심거리이다. 자녀들의 행복과 기쁨을 안겨다 주기 위해 얼마나 많은 돈을 쓰고 있는가? 부부가 맞벌이를 해도 감당하기가 어려운 것이 자녀교육비라고 하니 이 얼마나 기막힌 노릇인가? 특히 우리나라 부모들의 헌신은 세계 어디에서도 볼 수 없는 희귀한 일들이다. 자녀들의 교육을 위해서 아내와 자식을 멀리 외국에 보내는 기러기 아버지들의 헌신은 무엇이라고 표현할 수 있단 말인가? 사랑하는 남편을 홀로 남겨두고 자녀들만 데리고 외국으로 떠나버리는 용감한 어머니들이 얼마나 많은지 모른다. 부부는 기도할 때만 분방하라고 성경은 말하고 있는데 자녀교육 때문에 부부가 하나 되지 못하는 것은 옳은 일이 아닌 것이다.

결혼은 하나님께서 주신 축복의 통로이다. 부부가 모든 것을 함께 하지 않으면 하나님의 복을 누릴 수 없게 된다. 그러나 세상은 하나님께로부터 오는 신령한 복들을 차단하고 방해하며 볼 수도 없게 만들어가고 있음을 알아야 한다. 자녀중심적인 삶은 하나님 앞에서 옳은 것이 아니다. 그들은 부모가 옆에 있으면 행복한 것이고 교육을 제대로 받을 수 있는 기회를 얻는 것이다. 세상은 변해가고 있지만 우리들의 부부중심적인 삶은 어떠한 일이 있어도 방해를 받아서는 안 된다. 때로는 시부모님과 처갓집식구들이 방해가 된다면 기도의 제목으로 삼고 부모들을 잘 설득해서 부부 사이의 관계를 돈독히 하는데 심혈을 기울여야 한다. 자녀들에게 모든 에너지를 쏟아 부으면 결국은 나중에 자녀들을 원망하는 소리를 하게 된다. 왜냐하면 그들 때문에 부부가 행복한 시간들을 많이 갖지 못했기 때문이다.

우리는 자녀들을 통해서 우리의 무지함과 연약함을 알고 하나님의 도움 없이는 살 수 없는 겸손을 배워간다. 그 겸손으로 인해 자녀들은 하나님을 배워갈 것이고 이 땅에서 빛을 발하는 자녀로 성장하게 될 것이다. 부부는 항상 모든 일에 함께 해야 한다. 서로 무시하지 말고 배우자의 유익을 위해서 기꺼이 모든 것을 아낌없이 주어야 한다.

그리스도의 사랑이 실천되는 가장 좋은 방법은 부부가 함께 하는 시간들을 통해서 행복을 가꾸어 가는 노력을 기울이는 것이다. 자녀들은 그러한 부모들의 삶을 거울로 삼아 미래의 결혼생활을 설계해 갈 것이기 때문이다. 건강한 가정이 많아지려면 부모들이 행복한 모습을 보여 줄 수 있어야 하며 신앙적인 결혼관이 무엇인지를 바르게 제시해 주어야 한다. 부부중심의 경건하고 사랑스러운 삶을 통해서 그리스도를 자녀들에게 보여주어야 하는 것이다.

7. 가족의 탄생

"형제가 연합하여 동거함이 어찌 그리 선하고 아름다운고"(시 133:1).

영어에서는 며느리와 사위를 법적인 아들(son in law) 혹은 법적인 딸(daughter in law)이라고 한다. 시부모님이나 처가부모님들을 말할 때도 법적인 부모님(parents in law)이라는 말을 사용한다. 그것은 곧 결혼과 함께 법적으로 가족들이 생겨났다는 말일 것이다. 자녀들은 서로가 사랑해서 결혼하여 부부가 되지만 가족들은 그들을 사랑해서 맞이하는 것이 아니기에 참으로 다양한 현상이 일어난다. 특히 부모의 반대를 무릅쓰고 결혼한 자녀들에게는 혹독한 시련이 기다리고 있을 것이다. 시부모님과의 관계나 처갓댁과의 관계는 법적으로 만난 가족이기에 사랑으로 키워가지 않으면 좀처럼 가까워지기가 어렵다.

결혼식 때 사돈을 뵙고 손주들 돌 때에나 만나는 경우도 많다고 한다. 가까워질래야 가까워질 수 없는 묘한 관계임은 분명하다. 서로가 사랑해서 부부가 되었지만 갈 길은 참으로 멀고도 멀다. 배우자중심으로 살아가야 하는 가정생활에 참으로 많은 법적인 식구들이 관련되어서 피할 수 없는 관문을 통과하는 것이 쉽지가 않다. 그러나 그리스도인들의 만남은 아주 다른 것이라야 한다. 사람이 맺어준 것이 아니고 하나님의 섭리가운데 만났기에 서로가 관심과 사랑을 가져야 한다. 무엇보다도 부모님들이 너그럽게 아량을 베풀지 않으면 자녀들의 결혼생활은 실타래 엉키듯이 엉켜서 어디에서부터 풀어나가야 할지 몰라서 방황하게 된다. 학교에 입학하자마자 적응을 잘해서 과목마다 만점을 받는 학생은 아무도 없을 것이다. 이처럼 결혼이라는 학교에 입학했는데 공부해야 할 과목이 너무 많다. 교재도 없고 정답도 없는 이 수업을 우리들의 자녀들이 잘 하기 위해서 주위사람들이 도와주어야 한다. 가장 중요한 것은 부부가 하나 되는 훈련이 되도록 그들 스스로 헤쳐 나갈 수 있게 해야 한다. 너무 많은 간섭과 통제를 하면 결혼을 해서도 부모를 의지하게 되고 결국은 어려운 난관들을 헤쳐갈 수 있는 힘을 기르기도 전에 여러 문제들로 인하여 주저앉게 된다. 철저하게 독립심을 개발시킬 수 있게 스스로 성장해가는 부부의 삶을 살도록 옆에서 늘 기도하는 부모가 되어야 한다. 부족한 면이 보이면 격려해 주고, 잘하는 면이 보이면 칭찬을 아끼지 않는 부모의 역할은 그들로 하여금 자긍심을 갖도록 도와주는 원동력이 될 것이다.

또한 자녀들의 사생활을 보호해주고 방해하는 일들을 삼가야 한다. 우리나라 부모들은 극성맞은 편이라 음식부터 시작해서 살림살이조차도 간섭하는 경우가 많다. 그러나 그것은 옳은 방법이 아니다. 먹는 것도 부부가 스스로 할 수 있도록 지켜보며 간섭하지 말아야 한다. 하나의 독립된 가정이기에 그들을 존중하고 그들의 가정을 소중히 여겨야 한다. 물질적인 문제도 부부가 의논해서 할 수 있도록 해야 한다. 결혼 전에는 부모 밑에서 부족함 없이 살아왔을지라도 결혼 후에는 더 이상 도움의 손길을 받으려고 해서는 안 된다. 자녀들 입장에서는 그 때가 물질의 소중함을 절실히 깨달을 수 있는 절호의 기회이기 때문이다. 그들에게는 장차 더 많은 물질이 필요하기 때문에 아끼고 절약하는 것이 몸에 베어나지 못하면 결국은 돈의 노예가 되어서 하나님 없이 살아가는 방법을 터득하게 되는 악순환이 이어질 수 있기 때문이다. 결혼생활의 모든 어려움은 하나님을 의지하게 하는 것으로 주님 없이는 행복한 가정을 이루어갈 수 없다는 것을 깨닫는 기회가 된다. 며느리와 사위에게 못마땅한 것을 말해 주는 것보다 감동을 주어서 스스로 할 수 있도록 힘을 개발시켜주어야 한다.

부모는 그들에게 늘 사랑하는 모습을 보여주어야 하며 자녀들에게 축복의 언어를 적절하게 사용할 수 있어야 한다. 그들도 살면서 어려움이 있을 때 본인들을 신뢰하고 믿어주는 부모님을 생각하면서 극복해 가는 지혜와 담력을 키워갈 것이다. 자녀들이 가족을 이루고 하나님을 의지하면서 한걸음 한걸음 내딛는 모습이 대견스러울 때가 올 것이다. 그때까지 기다리고 인내하며 부모들의 기도를 통해서 하나님의 도우심을 때마다 나타남을 믿어야 한다. 이와 같은 삶의 현장에서 부모들도 자녀들로 인하여 성숙하게 되는 것이고 하나님의 은혜를 경험하게 될 것이다.

8. 성숙으로의 아름다운 동행

"사랑은 오래 참고 사랑은 온유하며 투기하는 자가 되지 아니하며 사랑은 자랑하지 아니하며 교만하지 아니하며 무례히 행치 아니하며 자기의 유익을 구치 아니하며 성내지 아니하며 악한 것을 생각지 아니하며 불의를 기뻐하지 아니하며 진리와 함께 기뻐하고 모든 것을 참으며 모든 것을 믿으며 모든 것을 바라며 모든 것을 견디느니라"(고전 13:4-7).

결혼생활은 그리스도의 사랑으로 모든 것을 참고 견디는 훈련의 연속이다. 갈수록 태산이라는 말이 있다. 근심 걱정이 없는 날이 없고 나이가 들수록 자신감도 없어지고 건강도 따라주지 않기에 많은 압박감을 느끼게 된다. 또한 중년의 시기에는 아래로 성장한 자녀들이 하나씩 둘씩 우리의 품을 떠나 독립된 생활을 하고 위로는 뜻하지 않게 사랑하는 부모들의 죽음을 경험하게 된다. 중년이란 이 같은 환경의 변화를 통한 감정의 변화를 받아들여야 하는 시기이다.

중년부부의 우울증은 심각한 사회의 문젯거리가 되고 있다. 부부의 친밀감을 계속 유지한다면 배우자의 우울증은 얼마든지 극복할 수 있을 것이다. 그러나 부부가 서로를 이해하지 못하고 변화무쌍한 현실을 믿음으로 해결하지 못하게 되면서 부부의 갈등은 도가 지나쳐 가정이 무너지는 사례들이 생기게 되는 것이다. 무엇보다도 중년부부는 서로의 신앙을 재점검하여 믿음을 키워가는데 더욱 주력해야 한다. 자식들을 의지할 수 있는 것도 아니고 병든 노부모들에게 기대할 수 있는 것이 아니기에 오직 여호와 하나님만을 바라보는 믿음의 실천이 중요한 시기이다. 그 동안 하나님 말씀에 순종하지 못한 것을 철저히 회개하고 말씀에 순종하는 부부의 삶으로 변화되어야 한다.

남편은 아내를 내 몸 같이 사랑하라는 말씀에 더 잘 순종하여 아끼고 보살피는 애틋한 예수님의 마음을 더 닮아가야 할 것이다. 아내도 남편의 모든 것을 존중하고 인정해 주면서 건강을 잘 보살펴주고 사

랑스러운 마음으로 겸손하게 남편들을 더 잘 섬겨야 한다. "분을 내어
도 죄를 짓지 말며 해가 지도록 분을 품지 말고 마귀로 틈을 타지 못
하게 하라"(엡 4:26-27). 서로가 마음에 품은 서운한 감정들을 말씀으
로 녹여내는 훈련이 있어야 한다. 배우자를 더 잘 섬기지 못하고 사랑
하지 못한 것에 대한 미안한 마음을 가지는 것이 도리일 것이다. 지난
날의 잘못을 들추어내는 어리석은 사람이 되어서는 안 된다. 신앙의
성숙은 용서하는 것이고 감사하는 것이고 하나님 한 분으로 만족하
며 즐거워하는 것이다. 나로 인해서 서로가 하나님께 가까이 가도록
해야 하는데 그렇지 못한 죄를 회개하며 그리스도가 더 높임을 받는
가정으로 만들어 가야 한다. 날마다 그리스도의 사랑 가운데 풍성한
대화를 창출해야 하며 영적인 경건한 믿음의 부부가 되도록 힘써야
한다. 부부는 서로가 늘 노력해야 하며 겸손한 마음으로 서로를 섬길
때 행복은 찾아 올 것이고 가정은 더 견고하게 세워가게 될 것이다.

결혼 후반기는 하나님께서 주시는 최고의 선물이요 기회임을 알아
야 한다. 수많은 부부들이 배우자의 죽음으로 인생의 노후를 함께 하
지 못하는 시간들이다. 그러나 그것도 값없이 우리들에게 주신 엄청
난 복임을 겸허하게 받을 수 있어야 하지 않겠는가? 또한 예쁘고 귀
여운 손주들의 탄생을 볼 수 있는 기쁨은 어찌 말로다 표현할 수 있
단 말인가? 육체는 시들어 병들고 연약해 지는 시기이지만 영적으로
는 더 힘있고 강건한 능력의 삶으로 나타나야 하는 결혼 후반기로 만
들어야 한다. 우리의 영원한 아버지를 얼굴과 얼굴로 대면하게 될 날

이 가까워 옴을 알고 주님과 더 깊은 교제를 가지는 영적 깊이를 더해 가는 시간을 가지라. 이 일을 위해서 늘 깨어서 기도하는 성숙한 부부의 삶을 살아야 한다.

지금 행복하지 않으면 내일도 행복해 지기 어렵다. 지금 감사하지 않으면 내일도 감사하기 힘들다. 지금 용서하지 않으면 내일도 용서하기 쉽지 않다. 미래는 이 모든 것이 더 어려워질 것이다. 우리에게 주어진 시간들은 너무나 소중하고 귀한 것이기에 함부로 시간들을 낭비하지 말아야 한다. 지금도 늦지 않았다. 그리스도인들은 말씀을 듣고 깨달았을 때 미루지 않고 실천하는 능력을 발휘해야 한다. 하나님께서 함께 해주시기 때문이다. 나는 할 수 없지만 믿는 자에게 능치 못함이 없다는 주님의 음성을 듣고 지금부터라도 가정의 소중함과 결혼의 신성함을 알고 주님께 겸손하게 엎드리자. 성경적인 가정을 만들어 가는 것은 끊임없이 배워야 하고 연구해야 하며 주님께서 주시는 지혜를 사용할 수 있어야 한다. 내가 먼저 주님의 은혜가운데 변화되어갈 때 배우자가 행복해 할 것이다. 중년의 시기를 하나님과 함께 걸어가는 멋진 부부들이 되기를 바란다.

14장_ 기독교인들의 만년(晩年)의 삶

　　1980년대 영국 유학시절 때 느낀 것은 사회가 약자들 편에 서서 늘 배려하고 관심을 보여 준다는 것이었다. 어디를 가든지 장애인을 위한 시설이 만들어져 있고, 노인들과 아이들을 위한 배려는 감탄 하지 않을 수 없을 정도였다. 세 명의 자녀와 함께 버스를 타는 경우가 종종 있었는데 그때마다 운전기사가 직접 내려와서 유모차와 두 아이를 데리고 버스에 올라타고 나는 막내만 안고 자리에 앉았다. 그리고 기사는 큰 유모차를 짐칸에 실어주었다. 승객들은 짜증을 내는 일이 없이 기다려 주었고, 도리어 우리 아이들에게 따뜻한 눈빛과 함께 인사를 나누는 모습을 보면서 얼마나 행복했는지 그때만 생각하면 마음이 따뜻해 진다. 그래서 영국과 잘사는 유럽 국가들을 한국 사람들의 표현을 빌리자면 노인 천국, 아이들 천국, 장애인 천국이라는 말까지 나올 정도였다. 30년이 지난 지금의 우리나라가 장애인과 아이들과 노인들을 위한 정책들이 활발하게 펼쳐지고 있는 것은 천만 다행한 일이라고 생각한다.

사회는 점점 고령화 되어가고 있고 노인들은 삶의 현장에서 고군분투하는 모습이다. 노인 인구는 급격한 추세로 증가하고 있고 이들의 노후를 어떻게 해야 하는가가 숙제로 남아 있다. 자녀들에게 의지하지 않고 스스로 삶을 개척해 가는 분들도 있는가 하면 자녀들에게 큰 부담을 안겨주는 노인들도 적지 않은 형편이다. 몸은 점점 쇠약해지고 여러 가지 질병으로 고통가운데 노년을 보내는 분들도 많이 있는 현실이다. 선진국들은 젊었을 때부터 월급의 많은 부분들을 연금과 사회보장비용으로 납부하기 때문에 은퇴 후에도 물질의 염려가 별로 없다. 정부가 연금을 지급하며 노인들을 돌보고 있기 때문이다. 수많은 노인들이 은퇴 후 더 나은 생활을 누리고 있다. 그러나 우리나라는 자녀들 교육비를 비롯해서 부모 봉양하는 일들에 많은 물질을 사용하기 때문에 노후대책은 엄두도 못 내는 것이 현실이다. 노인들을 돌보는 것이 국가보다 자녀들과 가족들에게 의존되어지기 때문에 가족 간의 불화와 고통은 심각한 사회문제가 되고 있다.

부모가 치매환자로 심한 노인성 질병에 걸려서 도저히 자녀들의 힘으로 해결할 수 없어 요양원이라는 시설을 보내는 경우가 많이 있다. 그러나 이에 대한 우리 사회의 인식은 아직도 따가운 눈총으로 바라보기 때문에 불효자라는 생각을 지워내기가 쉽지 않은 것 같다. 옛날에는 지게를 지고 산에다 버리는 고려장을 했지만 지금은 차를 태워서 요양원에다 버리는 고려장이라는 말까지 나오니 안타까운 일이 아닐 수 없다. 이러한 사회적 현상 속에서 기독교인들은 노후의 삶을 질적으로 향상시키는 믿음 생활의 본이 되는 길을 찾아야 할 것이다.

오래된 교회마다 노인들의 숫자가 젊은이들보다 더 많은 경우가 대부분이다. 젊은이들은 하나 둘씩 교회를 떠나고 있는 형편이지만 노인들은 변함없이 자리를 지키고 있다. 교회에 남아서 주님과 함께 믿음을 굳게 지키며 하나님을 기쁘시게 하며 노년이 되었어도 자녀들에게 어떻게 하면 힘이 될 수 있을까를 생각해 보기로 하자.

1. 젊은이에게 고(誥)하다

"늙은 남자로는 절제하며 경건하며 근신하며 믿음과 사랑과 인내함에 온전케 하고 늙은 여자로는 이와 같이 행실이 거룩하며 참소치 말며 많은 술의 종이 되지 말며 선한 것을 가르치는 자들이 되고 저들로 젊은 여자들을 교훈하되 그 남편과 자녀를 사랑하며 근신하며 순전하며 집안 일을 하며 선하며 자기 남편에게 복종하게 하라 이는 하나님의 말씀이 훼방을 받지 않게 하려 함이니라 너는 이와 같이 젊은 남자들을 권면하여 근신하게 하되 범사에 네 자신으로 선한 일의 본을 보여 교훈의 부패치 아니함과 경건함과 책

옛날에는 부모님들의 가르침도 있었지만 집안의 어른들이나 동네 어른들도 자기 자녀뿐 아니라 다른 집의 자녀들까지도 늘 훈계하며 사랑의 관심을 가지셨다. 아이들이 싸우면 말리고 더러운 말들을 함부로 하면 역정을 내시고 하지 말라고 하신 기억들이 난다. 그러나 요즈음은 어른들이 잘못하는 청소년들에게 함부로 바른 말을 하지 못한다. 젊은이들이 공공장소에서 담배를 피우고 술을 먹고 행패를 부려도 어느 누가 다가가서 말리지 못하는 현실이 되어 버렸다. 너무나 안타까운 일이다. 우리들의 자녀들은 곧 이 나라의 일꾼이요 보배이다. 부모의 책임도 있지만 우리 모든 어른들의 책임도 회피할 수 없는 실정이다. 그들에게 다가가서 사랑의 관심과 훈계를 하지 못하는 사회가 된다면 그 미래는 불을 보듯이 뻔하다.

교회 공동체도 예외가 아닌 것 같다. 성경에는 노인들에게 젊은이들을 훈계하고 가르치라고 하였다. 먼저 노인들이 그들의 본이 되는 것은 당연한 것이고 사단이 훼방하지 못하도록 젊은이들에게 교훈하라는 명령을 하셨다. 오랫동안 신앙생활 하면서 믿음으로 살아온 노인들이 가르치지 않으면 젊은이들은 배울 길이 없기 때문이다. 물론 목사님께서 강단에서 말씀 선포를 하고 가르치는 일을 담당하시지만 그 외에 노인들에게 주신 역할을 잘 감당해야 한다. 교회의 젊은이들은 교회를 이끌어 가는 기둥과 같은 존재이고 이 나라를 짊어지고 가야 할 역군이며 세상에서 빛과 소금의 역할을 감당해야 할 막중한 사명자로서의 삶을 살아야 하는 자들이다. 그 귀한 일꾼들이 교회를 사랑하기보다 세상을 사랑하는 자들이 얼마나 많은지 모른다. 젊은이들이 단지 주일날 예배하는 일로 만족하는 수준에 머물러 사는 자들이 너무나 많다. 하나님과는 상관없는 일들을 자행하면서도 하나도 불편함 없이 잘 살고 있는 자들이 교회 안에 부지기수이다.

젊은 여자들에게는 남편과 자녀들을 사랑하는 법을 가르쳐야 한다. 세상은 자기 자신을 사랑하고 자기개발을 위한 일에 헌신하도록 모든 환경을 조성해 가고 있다. 그러나 믿음의 여성들은 남편에게 복종하며 집안일을 하게하며 선한 일을 하도록 가르쳐야 한다. 왜냐하면 하나님 말씀에 순종하지 않으면 곧 사단의 훼방을 받아서 순식간에 가정의 파괴가 일어나기 때문이다. 인생의 모든 것을 주관하시고 다스리시는 주님의 말씀을 겸손하게 순종해야 한다. 젊은이들이 어떻게 살아야 하는지를 성경은 구체적으로 말하고 있다.

젊은 남자들도 경건의 훈련을 하지 않으면 세상 사람들처럼 보이는 것에 유혹되어서 하나님을 멀리 하는 삶을 살게 된다. 예를 들면 예전에는 목사님이 가정에 심방하는 날은 하나님께서 우리 집을 방문하신다는 믿음을 가지고 최선을 다해서 집안을 정리하며 예쁜 화분을 장만하며 정성을 기울이는 모습을 볼 수 있었다. 오늘 우리 가정에 주실 하나님의 말씀을 사모하면서 축복의 기도를 받고자 심혈을 기울였다. 그러나 요즘 젊은이들에게는 심방의 개념이 하나씩 무너지고 있다. 예배당 안에서의 목사님으로 만족하며 우리 가정의 일들은 비밀로 하고 알리고 싶지 않는 경우가 대부분인 것 같다. 그러나 말을 해야 알 수 있고 예방을 할 수 있는 일이 있음에도 불구하고 전혀 말하지 않고 단지 예배당만 드나드는 것은 옳은 처사가 아님을 분명히 알아야 한다. 때로는 목사가 직접 말하기가 민망할 때도 없지 않아 있기 때문에 나이가 드신 권사님들께서 젊은이들에게 구체적으로 사랑의 언어로 잘 훈계하며 교육하는 것이 마땅할 것이다.

신앙의 어른들이 이때 진가를 발휘해야 하지 않겠는가? 가르치지 않는데 어떻게 알 수 있겠는가? 노인들은 몸은 쇠약해지지만 하나님이 그들에게 살아온 경험들을 통해서 삶의 지혜를 주셨다. 또한 젊은이들은 몸은 건강하지만 지혜가 많이 부족한 편이다. 그래서 서로의 필요를 채워주며 살아가게 하신 것이 하나님의 섭리가 아니겠는가? 먼저는 신앙의 어른들이 훌륭한 어머니로서 남편에게 복종하는 성실한 아내로서 젊은이들에게 본을 보여 주셔야 하며 가르치고 훈계하는 일을 지혜롭게 하셔서 주님의 칭찬을 받으시기 바란다.

2. 겉과 다른 속사람

"그러므로 우리가 낙심하지 아니하노니 겉 사람은 후패하나 우리의 속은 날로 새롭도다"(고후 4:16).

　나이가 들면 아픈 데는 점점 많아지면 많아졌지 줄어들지 않는 것이 안타까운 현실이다. 아무리 건강에 신경을 쓰고 영양가 있는 좋은 음식을 매일 먹어도 육신이 약해지는 것이 하나님의 정하신 이치요 섭리이다. 이것은 누구도 부정할 수 없는 사실이다. 물론 건강관리를 게을리 하지 않아야 하는 것이 마땅한 일이겠지만 자신도 모르는 사이에 점점 쇠약해져 가는 것을 막을 수 있는 자는 아무도 없다. 그래서 성경은 육신은 약해지지만 속사람은 날마다 강건하라고 하셨다. 그렇다면 더 이상 좋아지지 않는 몸을 위해서 모든 정력을 기울이는 것보다 점점 좋아지는 속사람을 키워가는 것이 더 현명한 처사일 것이다.

　늙을수록 고집이 세지고 불평이 많아지고 감사가 없다는 것은 성령의 충만한 삶을 사는 것이 아니다. 오랫동안 신앙생활을 통해서 모든 면에서 수준급 이상이 되어야 함에도 불구하고 변하지 않는 어린아이와 같은 모습이라면 다시 한번 자기 자신을 돌아보는 시간들을 가져야 한다. 감사를 했어도 젊은이보다 더 많은 세월 해왔음에도 불구하고 불평을 입에 달고 산다면 과연 하나님께서는 어떻게 생각하시며 자녀들에게는 무슨 본이 되겠는가? 도리어 큰 고통을 주고 있음을 알아야 한다.

모든 사람들이 노년을 경험하는 것은 아니다. 지구상에 수많은 사람들이 오래 살고 싶어도 질병으로 불의의 사고로 살지 못하고 가는 경우가 얼마나 많은지 모른다. 늙어서도 살 수 있다는 것은 분명 하나님의 축복이요 맡겨진 일들을 다하고 오라고 하신 깊은 뜻이 있음이다. 그렇기 때문에 노인들이 젊은이들보다 더 값지고 보람되게 남은 인생을 살아갈 수 있음을 분명히 말하고 싶다. 왜냐하면 겉 사람은 후패하나 우리의 속은 날로 새롭다고 하신 말씀 때문이다. 그 말씀을 따라 모든 일에 감사하는 믿음의 표현이 있어야 한다.

　"믿음이 없이는 기쁘시게 못하나니 하나님께 나아가는 자는 반드시 그가 계신 것과 또한 그가 자기를 찾는 자들에게 상 주시는 이심을 믿어야 할지니라"(히 11:6). 하나님을 기쁘시게 하는 것은 모든 것을 믿음의 눈으로 바라보는 것과 믿음으로 행동하는 것이다. 비록 나이가 들어서 육체적인 힘으로 하는 것은 어렵지만 정신적인 것은 얼마든지 도움이 될 수 있을 것이다. 또한 영적인 능력을 키우며 날마다 새로운 주님의 사랑을 경험한다면 이보다 더 좋은 것이 어디 있을까? 노인이 되었으니 가족들도 많아졌을 것이고 아는 사람들도 많이 있을 것이다. 내 주위에 있는 모든 사람들에게 그리스도의 향기를 드러내야 한다. 특히 며느리와 사위에게 한량없는 사랑의 말을 해주는 것이 내 자식들을 행복하게 해주는 것임을 알아야 한다. 또한 자녀들에게도 늘 감사의 표현과 함께 인정하는 말들을 주고 받을 때 세상에서의 지친 그들의 생활에 큰 활력소가 될 것이다. 손주들에게도 귀엽다고 사랑스럽다고 무례하게 굴어도 그냥 보고 있을 것이 아니라 하나님의 말씀으로 잘 훈계하시는 지혜로운 사람이 되어야 한다. 속사람의 경건함을 나타내며 하늘의 신령한 것들이 무엇인지를 삶을 통해서 보여줘야 한다. 말과 행동을 더 겸손하고 친절하며 따뜻하게 하는 습관을 들여야 한다. 교회에 새 신자들이 오면 따뜻한 위로의 말과 반가운 목소리로 그리스도의 사랑을 표현한다면 새 신자들이 처음 온 교회지만 고향 같은 포근함을 느끼게 될 것이다.

교회는 〈신자의 어머니〉라고 했다. 신앙의 어른들이 예수님의 사랑으로 교회를 섬긴다면 이는 참으로 귀한 일이다. 인생의 경험이 많은 사람들은 분별력이 생겨서 그 사람의 인격이 어떤지를 잠시 보기만 해도 알 수 있다고 한다. 영적인 것도 신앙생활을 오래 했으면 성도들의 신앙상태가 어떤지를 알 수 있다. 연약한 자들에게 다가가서 그들을 위해서 기도하며 세워주는 일들을 한다면 교회 공동체가 큰 힘을 얻을 것이다. 사람들을 주님께 다가가도록 영적인 힘을 발휘해야 할 것이며 하나님께서 주시는 힘을 가지고 늘 새롭게 충성을 다해야 한다. 늙었다고 뒷짐 지고 아무것도 하지 않는 것이 아니라 영적인 강건함으로 교회를 세워가고 젊은 성도들을 돌아봐야 한다.

3. 노년의 깨끗한 자신감

행복한 결혼생활을 하기 위해서는 부부가 서로 노력하지 않으면 결코 행복해 질 수 없다. 저절로 행복해지는 것은 이 세상에 아무것도 없기 때문이다. 마찬가지로 노후의 생활도 준비하지 않으면 노후에 저절로 편안하고 안락한 생활을 할 수 없다. 미리 준비하지 않으면 늙어서 혼란스럽고 당황스러운 일들이 수도 없이 우리들을 기다리고 있기 때문이다. 평균 수명이 늘어나고 있기 때문에 늙음의 시간들을 어떻게 사용해야 하는지를 계획해야 하며 삶의 질을 높이기 위해서 주님께 도움을 구하며 기도해야 한다. 무엇보다도 청결한 삶을 유지해야 하는데 몸이 아프면 모든 것이 귀찮아 지기 때문에 주위가 깨끗하지 못하다. 나이가 들수록 위생관념이나 체면을 중요시하지 않기 때문이다. 그럴수록 더 자주 씻고 청결하고 깨끗한 노인이 되기를 힘써야 한다.

옷도 더 자주 갈아입는 것이 좋다. 옷장에 좋은 옷들이 있으면 과감하게 꺼내서 아끼지 말고 입자. 나중에 입는다는 생각을 버리고 그날그날 깨끗하고 깔끔하게 하고 다니는 것이 더 중요하다. 노인들에게는 나중이라는 것이 없다. 선진국에 노인들을 보면 화장을 하고 다니는 모습들을 쉽게 볼 수 있다. 옷도 깨끗하고 화려하게 남에게 인상을 찌푸리지 않게 처신하는 모습을 많이 본다. 늙었다고 젊은이들에게 피해를 주지 않으려고 애쓰는 모습들은 신선한 느낌을 주기도 한다.

노인들은 특유의 냄새가 있다. 그래서 더 깨끗이 씻어야 하고 집안도 환기를 자주 시켜야 한다. 냄새는 더 많은 냄새를 만들어 내기 때문에 신경을 써서 다른 사람에게 불쾌감을 주어서는 안 된다. 노인들은 내 몸에서 나오는 모든 것이 다른 사람들에게 해를 줄 수 있기 때문에 조심해야 한다. 특히 손주들에게는 더욱 더 깨끗한 모습을 보여야 하며 아무리 사랑스러워도 입에 있는 것을 꺼내서 주는 일은 삼가야 한다. 노인이 되면 화장실 문을 꼭 잠그지 않고 사용하는 경우가 많다. 젊은이들에게 가장 혐오감을 주는 행동이므로 반드시 화장실 문을 꼭 닫는 습관이 필요하다. 식탁에서도 흘리는 경우가 많이 있기 때문에 항상 휴지를 준비하고 흘린 것을 손수 버리는 훈련을 해야 한다. 젊은이들을 의지하지 말고 스스로 할 수 있는 일들은 해야 하며 다른 사람들에게 피해가 되지 않도록 예의 바른 식사법을 배워가야 한다.

옛날에는 상상도 할 수 없는 장수시대에 살고 있다. 혼자서 할 수 있는 일은 다른 사람들에게 미루지 말고 스스로 할 수 있는 힘을 길러야 한다. 무엇보다도 정신적으로 나태해지지 않기 위해서 부지런하고 깨끗한 주위환경을 만들어 가야 한다. 늙어간다는 것은 두려운 것이 아니라 하나님의 창조질서이다. 늙음을 탄식하기 보다는 늙어가는 것에 감사하며 어떻게 하면 더 잘 늙을 수 있을까를 공부하는 것이 더 현명할 것이다. 어린아이도 늙어가는 것이고 꽃 같은 청춘인 젊은이들도 늙어가는 것이다. 노인들은 지금 늙은 것을 먼저 체험하는 것이다. 무엇보다도 건강관리를 잘해야 한다. 젊은이들에게는 아무것도 아닌 것이 노인들에게는 큰 해가 될 수 있는 것이 많기 때문이다. 모든 일에 무리하지 말고 할 수 있는 범위 안에서 즐겁게 최선을 다

하는 모습이 아름다운 것이다. 노인들에게 과연 미래가 있을까? 없을 수도 있다. 하늘의 소망뿐이다. 그러나 주어진 시간들을 잘 활용하는 것은 지혜 있는 자만이 땅에서 누릴 수 있는 특권이다.

4. 주는 기쁨

"범사에 너희에게 모본을 보였노니 곧 이같이 수고하여 약한 사람들을 돕고 또 주 예수의 친히 말씀하신바 주는 것이 받는 것보다 복이 있다 하심을 기억하여야 할지니라"(행 20:35).

우리는 물질 만능시대에 살고 있다. 늙어도 물질의 욕심은 한도 끝도 없는 것 같다. 요즈음은 늙어도 돈이 있어야 된다고 저마다 보험을 들고 노후대책을 하는 것이 흔한 일이 되어 버렸다. 늙어서 쓰는 것은 젊었을 때보다 그리 많지 않을 텐데 자식들에게 대우를 받으려면 돈이 있어야 한다는 말이 일상적인 대화가 된지 오래되었다. 그러나 가끔 신문지상에서 보면 평생 힘들게 번 돈을 사회에 환원한다든지 대학에 장학금으로 기부하는 노인들을 볼 수 있다. 그러나 믿음의 성도들이 교회를 위해서 전 재산을 바치는 일은 찾아보기가 너무나 어렵다는 것이다. 한평생 주님이 우리에게 주신 것을 세어보면 말로다 다 형용할 수 없을 것이다. 빈 몸으로 이 땅에 와서 얼마나 많은 것을 누렸는지 세어보라. 그리고 나그네 인생길에서 필요한 모든 것을 채워주신 하나님의 은혜를 기억하면서 늙어서는 하나씩 나누어 주는 삶을 살았으면 한다. 죽은 자의 것을 유품이라고 하지만 자식들 외에는 어느 누구에게도 관심거리가 될 수 없다. 살아서 내가 가지고 있는 것을 필요한 사람들에게 나누어 주는 것은 보람된 일일 것이다. 죽어서 가지고 갈 수 있는 것이 아무것도 없기에 살아서 주님이 나에게 베풀어 주신 모든 것들을 하나씩 주는 습관이 몸에 베었으면 한다.

노인들에게는 사회에서 주는 혜택이 많이 있다. 교통비를 포함해서 여러 가지 할인의 혜택이 있다. 누구에게나 주는 것이지만 꼭 필요한 사람들이 누릴 수 있도록 여유 있는 분들은 양보하는 것이 바람직할 것이다. 그러나 물질의 욕심은 나이가 들수록 더 간절한가 보다. 할 수만 있으면 모든 혜택을 다 누려야 직성이 풀리는 것 같다. 주는 훈련은 아무나 할 수 있는 일이 아니다. 주님께 갈 날이 가까워 오는데 주위 사람들이 무엇이 필요한 지를 살펴보는 것도 영적으로 건강한 삶을 살 수 있는 좋은 기회가 될 것이다. 욕심을 버리고 꼭 필요한 것 외에는 과감히 주는 마음을 가진 자를 하나님도 기뻐하실 것이다. 지극히 작은 소자에게 한 것이 주님에게 한 것이라고 성경에는 말씀하고 있다. 그들을 하나님은 기억하신다고 하였다. 욕심보를 늘려서 아무도 기억하고 싶지 않은 사람이 아니라 지극히 작은 자에게 그들의 필요를 채워주어서 하나님과 사람들이 기억하는 노인이 되어야 하지 않겠는가?

"욥바에 다비다라 하는 여제자가 있으니 그 이름을 번역하면 도

르가라 선행과 구제하는 일이 심히 많더니"(행 9:36). 도르가는 돈을
버는 것이 목적이 아니라 도리어 구제하는 일을 직업으로 삼았던 것
같다. 그녀가 병들어 죽자 모든 사람들이 그의 죽음을 안타까워하며
슬퍼하자 베드로를 통해서 하나님은 그녀를 살려 주셨다. 돈은 날개
가 달려 있어 순식간에 날아갈 수 있는 허무한 것이다. 그러나 선행
과 구제는 하늘나라에 가서도 칭찬과 상급을 받는 보물이다. 지금까
지 자기 자신만을 위해 살아왔다면 회개하자. 지금부터라도 내 이웃
을 내 몸과 같이 사랑하라는 주님의 말씀을 실천하면서 부지런히 섬
기며 봉사하는 일들을 하자. 받는 것에 더 익숙해진 우리들의 행동과
생각을 버리고 주는 것에 더 익숙해지기 위해서 부지런히 주는 훈련
을 힘써 하자. 다른 사람들의 필요를 채워주기 위해서는 관심과 사랑
이 선행되어야 한다. 특히 성도들의 쓸 것을 공급해주는 믿음의 노인
들이 되기를 바란다. "주라 그리하면 너희에게 줄 것이니 곧 후히 되
어 누르고 흔들어 넘치도록 하여 너희에게 안겨 주리라 너희의 헤아
리는 그 헤아림으로 너희도 헤아림을 도로 받을 것이니라"(눅 6:38).
한평생 주님의 자녀로 살면서 하나님이 넘치도록 안겨주는 복을 받
아서 남은 인생 여정을 활기차고 기쁘게 살며 후손들에게 큰 귀감이
되었으면 한다.

5. 독서를 통한 어휘력 향상

노인들의 특성 중에 하나가 했던 말을 자꾸 반복해서 하는 것인데

이에 대해 자녀들이 부모들에게 '한 번만 더 들으면 백 번이다'라고 대답하는 것을 많이 보게 된다. 듣기 좋은 말도 한두 번 이라는데 들었던 이야기를 반복해서 하는 것은 자녀를 짜증나게 만드는 일 중에 하나일 것이다. 노인이 되면서 했던 말을 반복적으로 하는 것은 불투명한 미래로 인하여 과거에 집착하는 삶을 살기 때문인 것 같다. 그러나 과거에 일어났던 이야기를 한들 무슨 유익이 있을 것인가? 부모들이 자녀들에게 하는 말이 늘 '공부 열심히 하라' 그리고 'TV그만 보고 책 좀 읽었으면 좋겠다'는 말들을 많이 한다. 부모로서 했던 이 말을 다시 우리 노인들에게 적용하고 싶다. 눈이 더 나빠지기 전에 책을 많이 읽고 공부하는 습관을 길렀으면 한다. 늙었으니깐 공부하고는 나하고 거리가 먼 이야기라고 생각하지 말기를 바란다. 사람이 이 세상에 살면서 뇌를 사용하는데 20%밖에는 활용하지 못한다고 한다. 나머지 80%는 아마도 죽을 때까지 사용하라고 주신 하나님의 선물이지 않을까? 그런 뇌를 늙었다고 방치하면 치매에 걸리기 쉬울 것이다.

노인들의 지혜를 더 잘 살리기 위해서는 책을 통해서 간접경험을 계속해야 한다. 삶의 경험으로만 얻어지는 지혜가 아니고 좋은 신앙 서적과 양서들을 읽으면서 두뇌 활동을 좋아지게 만들어야 한다. 나이가 들수록 폐쇄적이고 모든 일에 소극적이게 된다. 될 수 있으면 모든 일에서 손을 놓으려고 하는 마음이 들기가 쉽다. 그러나 건강이 허락하는 한 모든 것을 내 스스로 할 수 있도록 좋은 습관들을 길러야 한다. 옛날에는 노인들이 그렇게 많지 않았기 때문에 어른들은 곧 존경의 대상이 되었다. 그러나 지금은 젊은이들보다 오히려 노인들이 더 많아지고 있는 세대에 살고 있다. 은퇴 후에도 창업을 하는 사람들이 있는가 하면 창의적인 생각과 아이디어를 주어서 사회에 공헌하는 노인들이 의외로 많다. 성경에도 모세는 80세에 하나님의 부르심을 받아 이스라엘 백성들을 인도하였고 영국에 처칠 수상은 81세에도 수상의 일을 하였다. 요한 웨슬레 목사님은 80세에도 설교를 매일 했다고 하니 나이는 숫자에 불과하다는 말이 실감이 나지 않는가?

수십 년간 목회하면서 설교하신 목사님의 설교는 당연히 진리의 말씀에 푹 빠지게 하는 큰 은혜로 다가올 것이다. 늙어서 아무것도 못한다는 생각은 쓰레기통에 버리자. "의인은 종려나무 같이 번성하며 레바논의 백향목 같이 발육하리로다 여호와의 집에 심겼음이여 우리 하나님의 궁정에서 흥왕하리로다 늙어도 결실하며 진액이 풍족하고 빛이 청청하여 여호와의 정직하심을 나타내리로다 여호와는 나의 바위시라 그에게는 불의가 없도다"(시 92:12-15). 늙어도 과실을 맺는 것이 하나님의 뜻일진데 늘 부지런하게 움직이고 성숙한 삶을 통해서 노인들에게 주신 은혜를 경험해야 한다.

젊어서는 직장생활 하느라 바빠서 하지 못했던 것들을 늙어서는 시간의 여유를 가지고 할 수 있다. 성경공부도 하고 노인대학에 나가서 창의적인 것들을 배우며 소일거리를 찾아나서야 한다. 또한 책을 가까이 하는 노인들이 되어서 풍부한 어휘력을 발휘하여 선한 말들을 한다면 세상이 달라 보일 것이다. 늙는 것은 하나님의 은혜이기 때문에 잘 늙어가야 하는 것이다. 삶의 질을 높여서 매사에 적극적으로 활동하는 믿음의 노인들이 되기를 바란다. 무엇보다 집중력을 가장 많이 필요로 하는 독서는 반드시 멋진 노인들이 되게 할 것이다. 젊은 이들에게 살아온 삶의 경험과 함께 책을 통해서 얻은 지식을 나눌 수 있다는 것은 남은 인생의 행복한 여정이 될 것이다.

6. 복음 전하는 삶

"하나님이여 나를 어려서부터 교훈하셨으므로 내가 지금까지 주의 기사를 전하였나이다. 하나님이여 내가 늙어 백수가 될 때에도 나를 버리지 마시며 내가 주의 힘을 후대에 전하고 주의 능을 장래 모든 사람에게 전하기까지 나를 버리지 마소서"(시 71:17-18).

어릴 때부터 백수(白叟)에 이르기까지 언제나 변함없는 사랑으로 지키시고 보호하신 하나님의 은혜를 생각할 때마다 감개무량이 따로 없을 것이다. 나이가 들수록 하나님과 깊은 관계를 가져야 하며 더 성숙한 모습으로 많은 사람들에게 비쳐야 하는 것이 마땅하다. 육체는 점점 쇠약해지지만 영적인 것은 점점 깊어져야 하며 진리의 말씀이 삶의 목표로 이루어지는 단계가 노년기이다. 부모들도 나를 떠나고 자녀들도 결혼해서 가정을 떠나지만 변함없이 우리 곁에서 지키시는 분이 하나님이시기에 인생의 여정이 행복한 것이다.

노년기의 삶을 더 보람 있게 살기 위해서는 내가 가장 소중하게 여기는 예수 그리스도를 증거해야 한다. 누군가에게 생명의 말씀을 전하는 것은 하나님의 일에 동참하는 신령한 일이다. 복음을 전하지 못하는 삶은 부끄러운 삶이다. 살아계신 하나님을 증거하지 못하고 세상의 것들을 덧입고자 몸부림치는 것은 결코 자랑스러운 일이 될 수 없다. 머리가 희끗희끗해질수록 세상의 것을 하나씩 벗어 던지고 하늘의 것을 사모하는 믿음의 용장들로 변해가야 할 것이다. 진리 가운데 살아가는 모습이 어떠한 것인지를 젊은이들에게 보여주어야 한다. 장수의 복은 주님의 것이지 스스로 만들어 내는 것이 아니다. 노년의 삶은 분명 하나님의 축복이요 은총이다. 물론 기억력은 점점 희미해지고 있지만 분별력과 판단력은 젊은이들이 따라갈 수 없는 수준에 이르게 된다. 그들에게 인생의, 삶의 목적이 무엇인지를 분명하게 가르쳐 줄 수 있어야 할 것이다. 세상에서 방황하는 젊은이들에게 예수님에 관하여 기회가 주어지는 데로 말해 주어야 한다. 세상은 결코 하나님에 대해서 말하지 않고 가르쳐 주지 않는다. 젊은 부모들의 바쁜 삶으로 인해서 믿는 가정에서조차 하나님에 대해서 배우는 것이 쉽지가 않는 현실이다. 이럴 때 노인들이 손주들을 앉혀놓고 진리의 말씀을 말해 주어야 한다. 물론 그들에게 다가갈 수 있도록 존경 받는 할머니 할아버지가 되는 것이 우선이 되어야 한다.

늙음을 핑계로 아무것도 하지 않는 자가 아니라 늙었기 때문에 젊은이들이 할 수 없는 영적인 일을 과감하게 용기를 내어서 해야 되지 않겠는가? 조부모가 살아계신 것이 손주들에게 큰 복이요 은혜임을 깨닫게 해 주어야 한다. 무엇보다 기도의 습관을 들여야 한다. 노인들은 염려와 걱정이 너무 많다. 갈수록 생각이 좁아지고 삶의 범위가 한정되어 있기 때문일 것이다. 그러나 염려와 걱정은 건강을 해치는 주범이고 삶의 의욕을 뺏어가는 나쁜 습관이다. 모든 일에 감사하라는 말씀을 노인들이 실천해서 주위 사람들에게 그리스도의 향기를 나타내야 할 때이다. 노인의 케케묵은 냄새가 아니라 그리스도의 향기를 풍기려면 늘 주님의 말씀에 순종하고 따라야 한다.

성령의 충만한 삶은 나이가 들수록 더 간절하게 사모하는 것이라야 한다. 연약할수록 우리의 마음은 늘 주님 생각으로 가득 차야 한다. 우리 입에서 나오는 말씀이 죽은 영혼들을 살려낼 수 있는 능력이 나타나야 하지 않겠는가? 한 사람도 전도하지 못하고 하늘나라에 간다면 부끄러운 구원이 될 것이다. 하나님의 자녀들을 부지런히 찾아내어 주님의 품에 안기게 해야 한다.

노인들이 귀도 잘 안 들리고 눈도 잘 보이지 않고 몸도 점점 쇠약해지는 것이 더 하나님만 의지하고 살라고 하는 것처럼 생각된다. 바쁜 자식들에게 하소연해봤자 그들이 해 줄 수 있는 것은 별로 많지가 않다. 오히려 노인들이 더 따뜻하고 온유하게, 겸손함으로 자녀들을 감싸주고 칭찬해주고 격려해 주는 것이 옳을 것이다. 무엇보다도 하나님이 행하신 일들을 자손들에게 잘 전해주어야 한다. "내가 측량할 수 없는 주의 의와 구원을 내 입으로 종일 전하리이다"(시 71:15). 노인이 될수록 세월을 더 아끼고 종일토록 주님만 의지하며 하늘의 소망을 가지고 담대히 주님을 증거하는 삶을 살아야 한다.

7. 축복을 빌어 주다

"야곱이 바로에게 고하되 내 나그네 길의 세월이 일백삼십 년이니이다 나의 연세가 얼마 못되니 우리 조상의 나그네 길의 세월에 미치지 못하나 험악한 세월을 보내었나이다 하고 야곱이 바로에게 축복하고 그 앞에서 나오니라"(창 47:9-10).

최고의 권력을 가지고 있는 바로 왕이 험악하고 고된 삶을 살아온 야곱을 축복한 것이 아니라 아무것도 없는 야곱이 모든 것을 가진 왕을 축복한다는 것은 하나님의 자녀이기에 가능한 것이다. 하나님의 복을 전하는 것이 믿는 자의 사명이다. 특히 긴 세월을 살아 온 연로자의 사명은 복의 근원이 되시는 하나님의 복을 담대하게 전하는 일이다.

신체 중에서 죽을 때까지 늙지 않는 부분이 혀라고 한다. 다른 신체는 늙어 약해지고 갈수록 쓰지 못하는 부분이 있지만 혀는 평생 주름 없이 늙지 않는다고 하니 과연 하나님의 섭리가 무엇인지 알 것 같다. 죽을 때까지 복음을 전하고 진리를 말하고 속사람을 새롭게 하라는 뜻일 것이다. 말에는 인격이 담겨있다. 그 사람이 어떤 말을 하는 가에 따라 그 사람의 됨됨이와 인격을 알 수 있는 척도가 된다. 적지 않은 세월을 살았지만 요즈음같이 험악한 말들이 오고 가는 세대는 드문 것 같다. 어린아이들의 말이 공손하지 못하고, 젊은이들은 욕이 곧 대화가 되어 버린 지가 너무나 오래다. 어른들도 다듬어진 말이 아닌 입에서 쏟아지는 것이 곧 말이 되어버려서 듣기가 거북하다. 한국 말은 영어와는 달리 존칭어와 다른 사람들을 높여주는 존경어가 있다. 말의 힘은 놀라운 것이다. 서로를 배려하고 사랑하고 격려해 주는 언어사용은 훈련되지 못한 사람들에게는 쉽지 않은 일일 것이다.

어려운 세월과 고통의 시기를 거친 노인들의 삶을 누구보다도 잘 알고 계신 하나님께 위로 받도록 하고, 입으로 하는 말은 다시 담을 수 없음을 알고 함부로 말하는 습관을 고쳐야 한다. 가진 것이 없다고, 노인들이 무슨 힘이 있냐고 불평하는 것이 아니라 다른 사람들에게 축복을 빌어주어야 한다. 축복을 비는 것은 결코 물질이 많고 적음에 달려 있지 않다. 어린아이나 젊은이들에게 하나님의 축복을 말해 준다면 그들에게는 엄청난 영적인 에너지가 넘치는 삶을 살아갈 수 있는 원동력을 제공하게 될 것이다. 교회 안에서도 노인들의 말에 덕이 있어야 하며 하나님의 말씀을 하는 훈련이 필요하다. 한 교회에서 신앙생활을 오래하다 보면 교인들의 사생활을 아는 경우가 많다. 그렇다고 해서 본인도 없는 자리에서 사생활을 들추어서 덕스럽지 못한 말을 할 필요는 없는 것이다. 성도들의 허물을 덮어주어야 하는 것이 진정한 노인의 지혜가 아닐까?

특히 목회자의 가정과 사생활을 잘 보호해 주었으면 한다. 알지도 못하고 함부로 말해서 일을 크게 만드는 경우가 있다. 요즈음은 목회자 '수난시대'라고 해도 과언이 아니다. 인생을 많이 살아온 어른들의 지혜가 너무나 간절히 필요할 때인 것 같다. 교회 안에서도 함부로 말하는 것 때문에 믿음이 연약한 자들이 시험에 드는 경우가 많다. 진리의 말씀을 조금이라도 더 많이 들은 노인들의 입으로 나오는 말들이 늘 말씀묵상을 통해서 하나님이 말씀하시는 듯한 경지에 올라가야 한다. 이것은 노력이 없이 저절로 될 수 없는 영적인 것이기에 늘 깨어서 기도하는 자만이 누릴 수 있는 특권일 것이다. 나이가 들었다는 것은 아는 사람들이 더 많다는 것을 의미한다. 만나는 사람마다 하나님의 복을 빌어준다면 이런 저런 이유를 대가며 노인들을 기피하는 것이 아니라 더 가까이 다가오게 될 것이다. 내 주위에 늘 사람들이 모이고, 찾아오고 싶어 한다면 그보다 더 행복하고 복된 삶이 어디 있을까? 하루 종일 아무도 못 만나고 외롭게 세월을 보내는 노인들이 수도 없이 많다. 그러나 하나님의 축복을 말해 주는 자에게는 사람들이 줄을 서서 기다리는 모습을 볼 수 있을 것이다. 더욱 힘써서 영적인 것을 누리고 사는 건강한 노년의 삶이 되기를 소망한다.

8. 죽음을 준비하는 지혜로운 삶

"성도의 죽는 것을 여호와께서 귀중히 보시는도다"(시 116:15).

죽음이란 가난한 자나 부유한 자나 많이 배운 자나 무식한 자나 차별 없이 누구에게나 찾아오는 손님이다. 죽음을 경험하지 않는 사람은 이 세상에 아무도 없다. 하나님의 아들이신 예수님도 부활하시기 전에 먼저 죽음을 경험하셨다. 성도들은 죽어야만 하늘나라에 갈 수 있다. 노인이 되었다는 것은 죽음이 가까이 왔다는 것이기에 죽음을 친한 친구로 여겨야 한다. 죽음을 잘 준비하라고 오랜 세월을 살게 하신 것이 아닐까? 노년이 깊어 갈 수록 사랑하는 사람들의 죽음을 더 많이 경험하게 된다. 함께 세월을 쌓아온 친구부터 시작해서 한평생 같이 살아온 배우자의 죽음을 경험하기도 하고, 때로는 자녀들의 죽음도 지켜보게 되는 마음이 찢어지는 경험을 하는 경우도 있다. 언제 죽음이 찾아올지 모르기에 늘 준비하고 있어야 한다. 이 땅에서 믿음으로 잘 사는 것을 통해서 주님이 우리에게 허락하신 죽음도 잘 맞이해야 한다. 그러나 수많은 사람들이 죽음은 자신과 상관없다는 생각으로 살고 있다.

목사님이 노인들을 심방할 때 자녀들에게 하고 싶은 말들을 녹음을 해둔다거나 글로 써 놓으라고 한다. 언제 죽음이 찾아올지 모르기에 자녀들에게 미리 말해두라고 하지만 그 말에 순종하는 사람은 그리 많지가 않다. 선진국에서는 죽기 전에 유서를 미리 써두는 것을 당연하게 생각한다. 변호사를 통해서 재산을 어떻게 관리할 것인가를 서류로 만들어 둔다. 또한 교회 뜰 안에 무덤이 있다. 죽는 것을 귀하게 여기고 나도 언젠가는 죽을 거라는 인식을 늘 하게 한다. 과거에는 40세를 갓 넘어도 죽을 준비를 했고, 환갑이 지나면 곧 죽을 거라는 생각을 대부분의 사람들이 했었다. 그러나 지금은 인생은 60부터라는 말에서 보듯이 죽음은 우리와 상관없는 먼 나라 이야기로 취급하는 경우가 많다.

유럽의 대학에는 죽음교육의 학과가 있다. 하나님을 믿는 자녀들에게는 죽음이 곧 영원한 생명의 길로 가는 것이기에 두려운 것이 될 수 없다. 또한 믿음 안에서 살다가 죽은 형제들과 친구들을 만날 수 있는 소망의 문으로 들어가는 것이기에 기쁨의 시간이요 부활의 승리가 있는 순간이 된다. 누구나 찾아오는 죽음을 담대하고 침착하게 맞이하기 위해서는 기도하며 준비하는 성숙한 모습이 노인들에게서 풍겨나야 한다. 폴리갑 목사님께서는 '86년 동안 나에게 늘 신실하셨던 주님을 결코 배반할 수 없다'는 말로 기독교 신앙을 포기하라는 로마법관의 말에 응하지 않고 담대하게 죽음을 맞이하셨다. 종교개혁가인 존 낙스 목사님께서도 죽음을 두려워하지 말고 그리스도 안에서 살라고 임종 시에 유언하셨다. 인생을 마감하는 시기에 죽음의 두려움을 이겨낸다는 것은 결코 쉬운 일이 아닐 것이다. 그럼에도 불구하고 죽으나 사나 주님의 영광을 위하라고 하신 주님의 말씀에 순종하여 노년의 성숙함을 보여 줄 수 있어야 하겠다.

나이가 들면 모든 육체가 약해지는 창조의 질서를 배우면서 노인은 노인다워야 아름다운 것임을 깨닫는다.

"백발은 영화의 면류관이라 의로운 길에서 얻으리라"(잠 16:31).

"젊은 자의 영화는 그 힘이요 늙은 자의 아름다운 것은 백발이니라"(잠 20:29).

"너희가 노년에 이르기까지 내가 그리하겠고 백발이 되기까지 내가 너희를 품을 것이라 내가 지었은즉 안을 것이요 품을 것이요 구하여 내리라"(사 46:4).

노인들도 하나님께서 아름답다고 하셨으니 늙은 것은 추한 것이 아니라 하나님의 영광을 가장 많이 드러낼 수 있는 기회로 여겨야 한다. 주님께서 우리를 지으시고 백발이 되기까지 안아주시는 경험을 하며 믿음의 신실한 삶이 되길 바란다.

진짜 결혼

2012년 5월 18일 초판 1쇄 발행
2013년 4월 24일 2쇄 발행

지 은 이 서창원 유명자

발 행 인 신덕예
총괄편집 김주호
교정교열 유정은
디 자 인 이하양
기   획 김항석
회   계 권혜영

펴 낸 곳 우리시대
　　　　경기도 고양시 덕양구 주교동 587-5번지 401호
　　　　T. 070-7745-7141 F. 031-967-7141 M. 010-4372-0217
　　　　woorigeneration@gmail.com
　　　　www.facebook.com/woorigeneration

유   통 기독교출판유통
ISBN 978-89-966507-5-1